U0105492

中華文化思想叢書

古代中國的歷史、思想與宗教

下冊

葛兆光　著

目次

宋代中國意識的凸顯
——關於近世民族主義思想的一個遠源

一　「中國論」與「正統論」：中國意識的真正凸顯

在思想史上，北宋時期有兩篇文章相當引人注目。一篇是石介的《中國論》，這是迄今為止可以看到的古代中國第一篇專以「中國」為題的著名政治論文。不僅因為作者是北宋學術史上一個相當重要的人物，而且這篇論文中民族情緒非常激烈，甚至可以說非常極端，顯示了思想史上前所未有的關於「中國」的焦慮[1]。一篇是歐陽修的《正統論》[2]。這篇論文在當時反應頗熱烈，不僅因為作者是思想

1　在這一篇和另一篇《怪說》中，他異常嚴厲地區分著「中國」和「四夷」的空間差異，「居天地之中者曰中國，居天地之偏者曰四夷」；也異常嚴厲地區分著「中國」與「四夷」的文明差異，君臣、禮樂、冠婚、祭禮等等體現的是文明的中國，而被發文身、雕題交趾上、被髮皮衣、衣毛穴居的，當然是野蠻的夷狄。如果不僅在空間上雜處，文化上也發生混亂，那麼「國不為中國矣」，因此除了在空間上「四夷處四夷，中國處中國，各不相亂」，重新清理是相當重要的。他說：「中國，中國也，四夷，四夷也。」而其中最迫切的，就是抵禦最接近瓦解「中國之常道」的佛教，因為它「滅君臣之道，絕父子之情，棄道德，悖禮樂，裂五常，遷四民之常居，毀中國之衣冠，去祖宗而祀夷狄」。見石介：《中國論》，《徂徠石先生文集》，卷十，116頁，北京，中華書局，1984。又參看石介：《怪說》上中下篇，載《徂徠石先生文集》，卷五，60-62頁。同上書。

2　歐陽修：《正統論》（康定元年）三首，《歐陽修全集》，卷十六，《居士集》，卷十六，265-273頁，北京，中華書局，2001。以下引《歐陽修全集》均同此本。歐陽修：《正統辯》，《歐陽修全集》，卷六十，《居士外集》，卷十，863-865頁。歷史學上的正統論爭論的興盛，在於重構和確認歷史，也在於為這個處在「尊王攘夷」關鍵時刻的王朝，建立文化、民族上的認同基礎，關於這方面的資料，可以參看饒宗頤：《中國史學上之正統論》，上海，上海遠東出版社，1996。

史、文學史和政治史上的一個樞軸式的人物，而且因為他的意見與他自己對前代歷史的深刻認識和書寫實踐有關，歷史的認識和書寫又關係到當時知識階層對於傳統經驗與教訓的梳理和對現實政治合法性的確認。現代研究者從這些文獻中普遍看出，古代中國相當長時期內關於民族、國家和天下的朝貢體制和華夷觀念，正是在這一時代，發生了重要的變化，在自我中心的天下主義遭遇挫折的時候，自我中心的民族主義開始興起。這顯示了一個很有趣的現實世界與觀念世界的反差，即在民族和國家的地位日益降低的時代，民族和國家的自我意識卻在日益升高，這種情況在中國思想史上可以說一直延續至今。

發生在唐宋之際的這一變化，很多學者都討論過。比如傅樂成《唐代夷夏觀念之演變》指出，從安史之亂開始，「夷夏之防亦因而轉嚴，然一種具有悠久傳統之觀念，往往不易於短時間完全改變，故有唐後期國人之夷夏觀念，猶不若宋人之嚴」[3]，他看出宋代華夷觀念越來越嚴厲的歷史事實。在《唐型文化與宋型文化》中他又具體指出，這種觀念變化的原因，「一是由於外族叛亂及侵淩的刺激」「二是科舉制度的發達。……社會上逐漸形成重文輕武的風氣，進而產生中國文化至上的觀念」「基於上述兩點原因，國人仇視外族及其文化的態度，日益堅決，相反的對中國傳統文化產生熱愛，逐漸建立了以中國為本位的文化」[4]。陳芳明在討論宋代正統論的時候，也指出宋以前「只有實際的正統之爭，沒有正統理論的出現」[5]，因此唐宋兩

3 原載《大陸雜誌》，後收入其《漢唐史論集》，209-226頁，臺北，聯經出版事業公司，1977，1995。

4 原載《國立編譯館刊》，1972年12月，後收入《漢唐史論集》，362頁，臺北，聯經出版事業公司，1972，1995。傅樂成討論宋代文化時，指出「民族意識、儒家思想和科舉制度，是構成中國本位文化的三大要素，這些要素都在宋代發展至極致」。

5 陳芳明：《宋代正統論的形成背景及其內容——從史學史的觀點試探宋代史學之一》，《宋史研究集》，第八輯，29頁，臺北，中華叢書編審委員會，1976。此文認為，

代，關於「正統」的觀念在表面上似乎相同，但在本質上卻差別很大。而論旨相近的陳學霖在《歐陽修〈正統論〉新釋》中也指出，歐陽修《正統論》的寫作，有四個背景值得注意：一是「大宋與前朝的統屬問題」，二是「《春秋》學復興的影響」，三是「纂修前史所遭遇的問題」，四是「北宋外交挫折的反應[6]」。其實總結起來，就是一個國家如何定位的問題。作為一個國家，宋王朝究竟有沒有政治合法性，這個政權如何得到傳統與經典的支持，如何書寫他人與自我的歷史？其實，這都是由於「敵國外患」逼出來的問題，如果不存在這些「對手」，或者「對手」不足以使自己國家的存在意義有任何疑問，這些問題是不必要那麼嚴重地提出來，那麼鄭重地來討論的。

以上這些研究都相當有價值，結論也毋庸置疑。這裏，我們要進一步討論的是，「中國」這個觀念來歷久遠，傳統的「華夷」之辯裏面，這個華夏共同體的族群、區域與文化也一直被普遍認同，異國異族的存在這一現實也從來沒有被否認過，「華夷」「中國」「正統」等等觀念更不是這個時代才有的，那麼，北宋出現的這種關於中國和正統的重新確認，如果不是一種歷史言說的延續或者重複，那麼，在思想史上，這種關於民族和國家的想像和定位，與前代究竟有什麼根本的不同，為什麼我們要說，到了這個時候，關於「中國」的意識才真正地凸顯起來呢？

宋代出現此論，是因為以下原因：一是鑒於五代的紛亂，二是治春秋學的盛況，三是修史所遭遇的問題。並引蔣復聰《宋遼澶淵之盟的研究》語稱，真宗時代的天書事件和封禪祀汾陰，「表面上說是對遼雪恥，表示宋有天命，實際上是對內，因為天有二日，民有二主，不能不做些解嘲工作」。

6 見陳學霖：《歐陽修〈正統論〉新釋》，《宋史論集》，141-145頁，臺北，東大圖書公司，1993。

二 實際政治與觀念想像的差異：天下、四夷、朝貢、敵國

古代中國的「華夷」觀念，至少在戰國時代已經形成。那個時代，也許更早些時候，中國人在自己的經驗與想像中建構了一個「天下」。他們想像：自己所在的地是世界的中心，也是文明的中心。大地彷彿一個棋盤一樣，或者像一個回字形，四邊由中心向外不斷延伸，中心是王所在的京城，中心之外是華夏或者諸夏，諸夏之外是夷狄，大約在春秋戰國時代，就已經形成了與南夷北狄相對應的「中國」概念。在古代中國的想像中，地理空間越靠外緣，就越荒蕪，住在那裏的民族也就越野蠻，文明的等級也越低。這種觀念和想像並不奇怪，西諺說「既無背景亦無中心」，大凡人都是從自己的眼裏看外界的，自己站的那一點，就是觀察的出發點，也是確定東南西北前後左右的中心。離自己遠的，在自己聚焦關注的那一點後面的就是背景，我是你的視點，你也可能是我的焦點，但是可能你也是另一個東西的背景，我也可能是他的背景。古代中國歷史的記錄和書寫者處在中原江河之間，他們當然要以這一點為中心，把天下想像成一個以我為中心的大空間，更何況很長一個時期，中國文明確實優越於周圍的各族。

古代中國人一直對這一點很固執，固執的原因是，除了佛教以外，古代中國從來沒有受到過真正強大的文明挑戰。古代中國人始終相信自己是天下的中心，漢文明是世界文明的頂峰，周邊的民族是野蠻的、不開化的民族，不遵循漢族倫理的人是需要拯救的，拯救不了就只能把他們隔離開來。中國人不大用戰爭方式來一統天下，也不覺得需要有清楚的邊界，常常覺得文化上可以「威服異邦」，而此邦與異邦的地理界限也會隨著文明的遠播和退守在不斷變動。在西晉的時

候，曾經有個叫江統的人寫過一篇《徙戎論》，想把漢族和其他民族在居住地理空間上分開，可是後來影響並不大。**古代中國人的「中國」常常是一個關於文明的觀念，而不是一個有著明確國界的政治地理觀念**。所以，凡是周圍的國家，中國人就相信他們文明等級比我們低，應當向我們學習、進貢、朝拜。像古代的《職貢圖》，畫的是各邊緣民族的代表向中央王朝進貢，總是把中國人的皇帝畫得特別大，而外族人的使節很矮小。不過，正如有的研究者指出的，儘管古代文獻中這樣的自我中心主義很明顯，但是這種中心與邊緣的劃分並不完全是空間的，往往中心清晰而邊緣模糊。而且，這種關於世界的想像，空間意味與文明意味常常互相衝突和混融，有時候文明高下的判斷代替了空間遠近的認知。所以，錢穆《中國文化史導論（修訂本)》第三章《古代觀念與古代生活》說，「在古代觀念上，四夷與諸夏實在有一個分別的標準，這個標準，不是『血統』而是『文化』。所謂『諸侯用夷禮則夷之，夷狄進於中國則中國之』，此即是以文化為華夷分別之明證，這裏所謂文化，具體言之，則只是一種『生活習慣與政治方式』」[7]。

應當說，這種觀念多少給中國古代人的世界想像，帶來一些彈性空間，使他們不至於為了異族的崛起或異文明的進入而感到心理震撼，可以從容地用「禮失求諸野」「乘桴浮於海」「子欲居九夷」等等說法，[8]寬慰自己的緊張。所以，在充滿自信的古代中國，很多儒家學者一直傾向於夷夏之間分別在於文明不在於地域、種族。比如漢代揚雄《法言・問道》在談到「中國」時就說，這是以有沒有「禮樂」，也就是「文明」來分別的，「無則禽，異則貉」；《三國志・烏丸

---

7 錢穆：《中國文化史導論（修訂本)》，第三章《古代觀念與古代生活》，41頁，北京，商務印書館，1994。

8 見《論語・公冶長》《論語・子罕》，《十三經注疏》，2473頁、2491頁。

鮮卑東夷傳》在說到夷夏之分的時候也說，「雖夷狄之邦，而俎豆之象存。中國失禮，求之四夷，猶信」；而唐代皇甫湜在《東晉元魏正閏論》中也說「所以為中國者，禮義也，所謂夷狄者，無禮義也」[9]。顯然，在中國古人的心目中，由於相信天下並沒有另一個足以與漢族文明相頡頏的文明，因此相當自信地願意承認，凡是吻合這種文明的就是「夏」，而不符合這種文明的則是「夷」。這個時候，民族因素、空間和邊界因素，都相當薄弱。

這種情況一直延續到唐代中葉，才發生了根本性的變化，而到了宋代，這種變化更是劇烈。日本學者西島定生指出，經過唐代九至十世紀的衰落，「宋代雖然出現了統一國家，但是，燕雲十六州被契丹所占有，西北方的西夏建國與宋對抗，契丹與西夏都對等地與宋同稱皇帝，而且宋王朝對遼每歲納幣，與西夏保持戰爭狀態，這時候，東亞的國際關係，已經與唐代只有唐稱君主、冊封周邊諸國成為藩國的時代大不一樣了，從這一狀況來看，東亞從此開始不承認中國王朝為中心的國際秩序」[10]。

這一轉變相當重要。它使得傳統中國的華夷觀念和朝貢體制，在觀念史上，由實際的策略轉為想像的秩序，從真正制度上的居高臨下，變成想像世界中的自我安慰；在政治史上，過去那種傲慢的天朝大國態度，變成了實際的對等外交方略；在思想史上，士大夫知識階層關於天下、中國與四夷的主流觀念，也從普天之下莫非王土的天下主義，轉化為自我想像的民族主義。對於國際政治的實際策略，與對

9 見汪榮寶：《法言義疏》，卷六，122頁，北京，中華書局，1996；陳壽《三國志》，卷三十《烏丸鮮卑東夷傳》，840-841頁；董誥等：《全唐文》，卷六八六，3115頁，上海，上海古籍出版社，1990。以下引《全唐文》均同此本。

10 〔日〕西島定生：《中國古代國家と東アヅア世界》，第六章《東アヅア了世界と日本史》，616頁，東京，東京大學出版會，1983。

於世界秩序的傳統想像之間，出現了很大的差異。這一差異，當然有其觀念上的內在來源。陶晉生曾一再強調，「以中國為中心的世界秩序及朝貢制度，雖然是傳統中國對外關係的主要模式，但是朝貢制度不足以涵蓋整個傳統中國歷史上的對外關係」「傳統中國固然有一個很強的傳統來維持以中國為中心的世界秩序，要求鄰國稱臣進貢，但是另一個傳統也不可以忽視，那就是與鄰國實際維持的對等關係」[11]。然而，這種現實主義的策略是在實際的政治運作策略上，而在想像天下的思想史上，漢唐以來，似乎從來沒有多少平等的意識，「天下之中」和「天朝大國」的觀念仍然支配著所有人對世界的想像。

可是，正如 Morris Rossabi 所編一部討論宋代國際關係的論文集的書名 China among Equals 所顯示的那樣，從那個時代開始，「中國棋逢對手」（也有人翻譯為「勢均力敵國家中的中國」），也正如它的副題 The Middle Kingdom and Its Neighbors, 10th-14th Centuries 顯示的那樣，十世紀到十四世紀，中國和它的鄰居的關係發生了重大變化[12]。什麼變化呢？這就是宋帝國不像以前的唐帝國，唐帝國曾經有過的「天可汗」氣象不再出現，北方的遼和西北的夏，以及後來的女真與更後來的蒙古，始終像是籠罩著它的陰影，使它一想起這一現實，就有些英雄氣短。宋太祖傳說中的「臥榻之側，豈容他人酣睡」，只是一句自我安慰式的大話。陶晉生曾經提到，景德誓書以後，宋、遼間常用「南北朝」的稱呼，雖然李燾《長編》卷五十八（景德元年十二月辛丑）說景德誓書只是「大宋皇帝謹致書於大契丹皇帝闕下」，但是，陶晉生指出，當時事實上已經習慣並且承認了這一稱呼。因此他

---

11 陶晉生：《宋遼關係史研究》，5頁、10頁，臺北，聯經出版事業公司，1983。以下引《宋遼關係史研究》均同此本。

12 China among Equals: The Middle Kingdom and Its Neighbors, 10-14th Centuries, University of California Press, Berkeley, 1983.

說，宋人有關「多元國際系統」的兩個重要觀念是：一、認知中原是一個「國」，遼也是一「國」；二、認知國界的存在。前者，表現在文件中常常有「鄰國」「兄弟之國」等名詞；後者，陶氏指出，「宋人對於國界的重視，足以推翻若干近人認為傳統中國與外夷之間不存在『清楚的法律和權力的界限』的看法」[13]。

三　中國：「邊界」的浮現

有沒有明確的邊界和邊界意識，是民族和國家觀念中一個相當重要的方面。歐洲近代民族國家建構的歷史觀念其實套不到中國歷史上面，中國關於民族國家的歷史應當自己書寫。在「普天之下，莫非王土，率土之濱，莫非王臣」的古代中國，「自我」和「他者」的差異並不很清楚。《漢書》卷九十四下《匈奴傳》曾經有一段很有意思的話，很表現古代中國對於四夷的觀念和態度，「來則懲而御之，去則備而守之。其慕義而貢獻，則接之以禮讓，羈縻不絕，使曲在彼，蓋聖王制御蠻夷之常道也」。這種「懷柔遠人」的方式背後，是一種自足與自滿，覺得在道德上和在經濟上，自己都高人一等。但是，在北宋一切都變化了，民族和國家有了明確的邊界，天下縮小成中國，而四夷卻成了敵手。[14]宋遼間的「南北朝」稱呼，使得中國第一次有了對等外交的意識，漫無邊界的天下幻影散去後，邊界的劃分、貢品的數量、貿易的等價、使節的禮儀等等，都開始告訴人們「他者」（the

---

13 陶晉生：《宋遼關係史研究》，31頁、99頁、101頁。

14 比如歐陽修就寫有《乞令邊臣辯明地界》《奏北界爭地界》《論契丹侵地界狀》等等奏摺，劃清地界，確定你我，說明當時已經有了邊界意識。又，據蘇頌《華戎魯衛信錄總序》記載，元豐四年奉詔編北界國信文字，其目為《敘事》《書詔》《誓書》《歲幣》《國信》等，共二百卷。又，趙汝愚編《宋朝諸臣奏議》中專門設了「邊防門」，其中十六卷中，遼夏占了十二卷，青唐、高麗一卷，女真一卷，交趾蠻傜一卷。

others）的存在。「積弱」的現實和「自大」的意識，事實上對等的外交和仍然使用的天朝辭令，如此反差巨大，使得這些懷抱華夏文明自豪感的士人頗為尷尬，這在唐以前的中國是幾乎沒有的[15]。

在思想與文化史方面最值得注意的變化之一，就是對於知識的專有權力意識開始萌芽。在唐代，唐人覺得中國就是整個「天下」，多少有些不把四夷放在心上，因此把自己的家門敞開著，覺得這是「海納百川」的「天下共主」的氣度。唐代那些日本使臣和僧侶到中國來，臨別時總是攜帶一堆書，儒經也有，佛典也有，還有那些不那麼能登大雅之堂的《遊仙窟》，甚至《素女經》《玉房秘訣》。而唐朝這邊並不覺得洩露了國家機密，也不覺得丟了上國斯文，反而認為這是「以夏變夷」。只有一回例外，就是在吐蕃日益強大，弄得唐帝國寢不安席的時候，于休烈上過一份奏摺，叫《請不賜吐蕃書籍疏》[16]，但是，好像也沒有下文，該送的照樣送。看看日本人自己編的各種《將來書目》，就知道這種「文化饋贈」在唐代是多麼大方。

但是從宋代起，這種「饋贈」就有了限制。據不完全統計，從宋真宗景德三年（1006）起，朝廷就下詔，令邊民除了《九經》書疏，不得將書籍帶入榷場[17]。仁宗天聖五年（1027），又因為臣僚著撰文集，經由雄州榷場流向北方的遼國，於是下令重申禁例，並且命令「沿邊州軍嚴切禁止，不得更令將帶上件文字出界」[18]；康定元年（1040）再次下令禁止，而且許人告發，並委託開封府來全權管理[19]。又過了

---

15 關於這一方面，還可以看王賡武：《小帝國的辭令：宋代與其鄰國的早期關係》，英文本原載上引China among Equals: The Middle Kingdom and Its Neighbors, l0-14th Centuries，載《王賡武自選集》，61-82頁，上海，上海教育出版社，2002

16 董誥等：《全唐文》，卷三六五，1644頁。

17 李燾：《續資治通鑑長編》，卷六四，553頁。

18 《宋會要輯稿》，第165冊，《刑法二》，6489、6493頁。

19 《宋會要輯稿》，第165冊，《刑法二》，6489、6493頁。

十幾年（至和二年，1055），對於民族國家的地位相當敏感的歐陽修，在《論雕印文字札子》中請求朝廷，下令禁止雕印有關時事的文字，「臣竊見京城近有雕印文集二十卷，名為《宋文》者，多是當今論議時政之言，……其間陳北虜事宜甚多，詳其語言，不可流布，而雕印之人不識事體，竊恐流布漸廣，傳入虜中，大於朝廷不便。及更有其餘文字，非後學所須，或不足為人師法者，並在編集，有誤學徒」[20]；而元豐元年（1078）四月，皇帝再次下詔，「諸榷場除九經疏外，若賣余書與北客，及諸人私賣與化外人書者，並徒三年，引致者減一等，皆配鄰州本城。情重者配千里，許人告捕給賞，著為令」。兩年以後又下詔杭州，「禁民毋以言涉邊機文字鬻高麗人」[21]。接著，在元祐四年（1089），剛剛出使過北方的蘇轍也提出建議，「本朝民間開版印行文字，臣等竊料北界無所不有」，其中「臣僚章疏及士子策論，言朝廷得失、軍國利害、蓋不為少，兼小民愚陋，惟利是圖，印行戲褻之語，無所不至，若使盡得流傳北界，上則洩露機密，下則取笑夷狄，皆極不便」[22]，於是，第二年（1090），禮部就下了禁令，「凡議時政得失、邊事軍機文字，不得寫錄傳布」「諸戲褻之文，不得雕印」[23]。

20 見《歐陽修全集》，卷一〇八，《奏議集》，卷十二，1637頁。

21 李燾：《續資治通鑑長編》，卷二八九，2725頁；卷二九四，2762頁。

22 見《欒城集》，卷四十二《北使還論北邊事札子五道》，747頁，北京，中華書局，1990。以下引《欒城集》均同此本。

23 《宋會要輯稿》，第165冊，《刑法二》，6514頁。為了國家的命運和尊嚴，這種禁止當然有合法性和合理性。不過，這種對於印刷出版的控制一旦越界，事情馬上就變了味道。要知道以「國家」的名義照樣可以夾帶私貨，特別是當懷有某種意圖的政治權力把這種正當性延伸到了另一個領域的時候。就在這份元祐五年（1090）的禮部令中，借著對敵國的擔心，順便地就把對本國的知識和思想也一同控制起來，禁令中說，不僅「本朝會要實錄，不得雕印」，就連「其他書籍欲雕印者，選官評定有益於學者，方許鏤板」，而且「候印訖，送秘書省」。這種控制越來越嚴厲，在宋這不是一種臨時的策略或者偶然的警惕，而是現實情勢的轉移和普遍觀念的改變。不僅是對於有可能來犯的遼夏，就是對於高麗和交趾，也一樣小心，北宋的張方平和沈括，均對高麗入貢者，「所經州縣，悉要地圖」，抱有很高的警惕[24]。而大觀元年（1107）閏十月十日對交趾貢使乞市書籍的回應，雖然許諾可以出售書籍，但明確限制許可的範圍，其中禁書、卜筮、陰陽、曆算、術數、兵書、敕令、時務、邊機、地理，這些涉及國家機密的資料書，和能夠引起強弱變化的技術書是不可以賣給「外人」的。

陳學霖曾經研究過這一變化，並指出，「自宋代以下，執政者輒以國防機密，或以政治安危為由，干預侵犯作者的權利，動以刑法處置民事，正是王權膨脹之結果……此一趨勢，就是從宋代開始。何以一崇儒厚道，以文德治國為典範的王朝，在這方面實質上是背道而馳，史家宜發深思[25]。這當然不錯，但是接著再進一步的話，就要追問，為什麼那個時代對於書籍出口如此警惕？[26]

徽宗時代，大觀二年（1108）三月三日的詔令規定，凡將違禁文字「販賣、藏匿、出界者，並依銅錢法出界罪賞施行」。宣和四年（1122）十二月，權知密州趙子晝上疏，指出因為神宗朝正史多依王安石日錄，「其中兵謀政術往往具存，然則其書固亦應密」，所以建議禁止流通，「願賜禁止，無使國之機事，傳播閭閻，或流入四夷，於體實大」。宣和五年（1123頁）七月十三日，中書省上言，禁止福建等地印造和出售蘇軾、司馬光文集。

24 參見張方平：《樂全集》，《四庫全書》影印本，卷二十七《請防禁高麗三節人事條》，上海，上海古籍出版社；沈括：《夢溪筆談》，卷十三，117頁，上海，上海書店出版社，2003。

25 陳學霖：《宋史論集》，206頁，臺北，東大圖書公司，1993。參看李孟晉：《宋代書禁與槧本之外流》，載《宋史研究集》，第十三輯，319-328頁，臺北，國立編譯館，1981。

26 南宋繼續北宋的這一政策，尤其是慶元年間，據《慶元條法事類纂》（燕京大學圖書館影印本，1948）記載，禁止雕印的有御書、本朝會要、言時政邊機文字、律令格式、刑統、曆日、諸舉人程文、事及敵情者、國史、實錄等等。葉德輝的《書林清話》卷二「翻板有例禁始於宋人」，已經指出此點。

四　民族、國家與文化的觀念：反夷教的意識以及確立道統

慶曆二年（1042），歐陽修寫了一篇著名的《本論》，提出全面而且是根本的變革方案，包括「均財而節兵、立法以制之、任賢以守法、尊名以厲賢」，即兵（軍事）、財（財政）、法（制度）、賢（人才）、名（秩序）五個方面。這種要求國家從根本上改弦更張的政治背景，如果仔細推敲，其實是在異域強大對照下的自我憂患。他向當時的人們提出一個不得不回答的尖銳問題：「南夷敢殺天子之命吏，西夷敢有崛強之王，北夷敢有抗禮之帝者，何也？生齒之數日益眾，土地之產日益廣，公家之用日益急，四夷不服，中國不尊，天下不實者何也？」[27]雖然，他一方面說現在「天下為一，海內晏然」，但另一方面話裏話外又充滿了危機感。

這種危機感在當時很普遍。正是因為外敵的存在和強大、漢族的焦慮和緊張，使得北宋春秋之學與攘夷尊王之學很興盛，也使得慶曆以後的那幾十年裏倡言改革成為風氣。歐陽修在《新五代史》卷七十二《四夷附錄序》裏說的「自古夷狄之於中國，有道未必服，無道未必不來」，後兩句就很有些感歎無奈的意思。西夏和契丹，使得從來以為中國即天下的士人，真正開始意識到國家的局限，也深深地感到周邊的壓力。歐陽修在說到西夏時，雖然他很憤怒西夏欲自比契丹，以成鼎峙之勢，但是，他也察覺到中國對於西夏，「茫然不知所措，中外震駭，舉動倉惶」[28]。曾經負責邊防事務的韓琦也覺得，契丹已經「非如漢之匈奴、唐之突厥，本以夷狄自處，與中國好尚之異也」。

---

27 見《歐陽修全集》，卷六十，《居士外集》，卷十，861頁。

28 歐陽修：《言西邊事宜第一狀》（治平二年），載《歐陽修全集》，卷一一四，1721頁。

這時的契丹給宋帝國的感覺，已經不是夷狄，而是敵國了，所以說，「契丹稱強北方，與中國抗者，蓋一百七十餘年矣，自石晉割地，並有漢疆，外兼諸戎，益自驕大」[29]。但是，他們覺得更可怕的是，一些中國人採取的是鴕鳥政策，掩耳盜鈴。張耒《送李端叔赴定州序》痛心疾首地說，「為今中國之患者，西北二虜也，……自北方罷兵，中國直信而不問，君臣不以掛於口而慮於心者，數十年矣」[30]。這和蘇轍的看法一樣，蘇轍也說，「今夫夷狄之患，是中國之一病也」，而這個病，已經不僅僅是肘腋之患，而是病入膏肓[31]。

病入膏肓需要痛下針砭，但是好像痼疾又很難痊癒。邵雍《思患吟》裏就長聲歎息，「奴僕淩主人，夷狄犯中國。自古知不平，無由能絕得」[32]。而李覯《上范待制書》則憂心忡忡，一方面是「仕籍未甚清，俗化未甚修，賦役未甚等，兵守未甚完」，一方面又「異方之法亂中國，夷狄之君抗天子」[33]。現實生活中，王朝的範圍縮小，凸顯了帝國的邊界，過去漢唐那種睥睨四方君臨萬國的心理，在周邊的壓迫下開始發生變化。由於知道「中國」不等於「天下」，面對異邦的存在，趙宋王朝就得在想方設法抵抗異族的侵略之外，凸顯自身國家的合法性輪廓，張揚自身文化的合理性意義。但是自己的文化合理性意義究竟在哪裏？有人相信或者堅信這種文化的血脈嗎？這使得很多士人開始擔憂道統的失墜。尤其經過唐代中期的變亂，經過五代的紛爭，歷史記憶一直困擾著士人，使他們開始認真考慮如何確認「正統」，以抵禦「外患」，重建「道統」以對抗包括蠻夷戎狄之文化侵蝕

29 韓琦：《論時事》，《宋文鑒》，卷四十四，672頁，北京，中華書局，1992。以下引《宋文鑒》均同此本。

30 見《宋文鑒》，卷九十一，1293頁。

31 蘇轍：《欒城集》，卷十九《新論中》，351頁。

32 邵雍：《伊川擊壤集》，《四部叢刊》縮印本，卷十六，117頁。

33 李覯：《李覯集》，卷二十七《上范待制書》，294頁，北京，中華書局，1981。

的問題，這是《中國論》和《正統論》撰寫的大背景，也是宋代道學或者理學產生的大背景，這當然要另文詳細討論[34]。

不過，這一民族和國家邊界意識的形成，直接後果是使得中國（主要是漢族士人）不得不嚴肅地面對「他國」與「異文明」。嚴肅面對的結果是兩個，第一個是開始對「出入境」加以限制。除了勘定邊界之外，他們還要限制「外國人」的居住區域，要限制「中國人」的外出範圍。即使在北宋較安定的時代，他們也對異域人的活動有相當的警惕。天禧二年（1018），官方曾經根據朱正臣的建議，對於來中國進行貿易的「蕃商」進行限制。景祐二年（1035），又曾經根據鄭載的建議，禁止番客帶妻兒在廣州居住並購買物業[35]。番商們不能在各地官衙附近購買房屋，這是為了在空間上對族別加以區分。同時，涉及技術性的書籍和通曉這類知識的士人，不能出境到異族區域，以免知識和技術的外傳。前面曾經仔細介紹過對於書的出口限制，其實對於人也一樣。元祐年間，官方曾經下令「舉人及曾聚學人并陰陽卜筮、州縣停廢吏人，諸造兵器工匠……並不得入溪洞與歸明蠻人相見」[36]。從現有的資料來看，這一措施在兩宋一直被嚴格執行，知識與國土和現代民族國家一樣有了嚴格的邊界。

第二個結果是，對於外來的宗教、習俗和其他文明，士人有了一種基於民族主義立場的反感，也有了一種深深的警惕，他們不再像唐代那樣歡天喜地地擁抱這些新鮮的東西，而是懷著戒懼的心情對它們進行批判。他們對外來的宗教信仰採取了相當嚴厲的態度，對於祆

34 梁啟超《論正統》認為，正統論起，有二原因，一是當時君臣自私其本國，二是陋儒誤解經義，煽揚奴性。這恐怕是以現代思想解釋古代思想，至少在宋代並不能這樣理解。參看葛兆光：《理學誕生前夜的中國》，載《中國史研究》，2001年第1期。

35 《宋會要輯稿》，第165冊，《刑法二》，6502頁；6506頁。

36 《宋會要輯稿》，第165冊，《刑法二》，6514頁、6515頁、6523頁。

教、摩尼教及其他教團的抵制和鎮壓，把幾乎所有的異端宗教，包括可能來自異域文明的宗教都牽連進去。像北宋元祐六年（1091）布衣薛鴻漸和林明發「以妖妄文字」被根治，就是因為他們「教本自海上異域人，於中國已數十年，而近者益熾，故其桀黠至敢上書，以幸張大」[37]。而私刻異教經卷、怪異信仰行為，都在被禁絕之列，像崇寧三年（1104）令各州收繳並焚燒私刻《佛說末劫經》，宣和二年（1120）令拆毀齋堂並焚燒私撰的《訖思經》《證明經》《太子下生經》《父母經》，以及屢次下令禁止煉臂灼頂、刲肉燃指或者捨身投崖等等，理由就是「毀傷人體，有害民教，況夷人之教，中華豈可效之」[38]。甚至連現代認為是「文明」的火葬，也因為它來自異域文化而不合漢族文明，在士紳階層和理學家如程頤、司馬光、朱熹等人的不懈抵制下，被漸漸禁絕[39]。顯然，宋代國家對於異族文明及其影響有相當深的警惕，也許，這與宋代始終處在異族的威脅下有關。對於異族文明的抵制最普遍地表現在對固有文明的闡揚和誇張上。北宋歷史學上的「正統論」、儒學中的「攘夷論」、理學中特別凸顯的「天理」與「道統」說，其實，都在從各種角度凸顯著，或者說是重新建構著

37 《宋會要輯稿》，第165冊，《刑法二》，6514頁、6515頁、6523頁。

38 《宋會要輯稿》，第165冊，《刑法二》，6514頁、6515頁、6523頁。

39 關於官方與士紳對火葬的抵制，參看劉永翔：《清波雜誌校注》，卷十二，508-510頁，北京，中華書局，1994。又，孫應時修，鮑廉增補，盧鈩續修《琴川志》卷一也曾經引程碩、司馬光語批許火葬違背孝親之義，又遵胡羌之俗，所以是「不孝不仁，莫大於此」，見《宋元方志叢刊》，1164頁，北京，中華書局，1990。又，可參見柳詒徵：《火葬考》，《史學雜誌》，1929年一卷三期；朱瑞熙等：《遼宋西夏金社會生活史》，第十一章《喪葬（上）：宋轄漢族居住區》，189—194頁，北京，中國社會科學出版社，19980〔美〕伊佩霞（Pataricia Buckley Ebrey）的《帝制中國的儒家與家禮——一個關於儀禮的社會史著作》（Confucianism and Family Ritualsin Imperial China, Princeton University, New Jersey, 1991）第四章《在婚禮和喪禮中抵抗異端和粗俗》（Combating Heterodoxy and Vulgarity in Weddings and Funerals）也討論到這個問題。

漢族中心的文明邊界，拒斥著異族或者說異端文明的入侵和滲透。

一次，朱熹在與弟子的談話中曾經相當嚴肅地指出，應當「辯得華夷」，即確立漢族傳統。他痛心疾首地說，現在就連穿的衣服也還沒有「復古」，他甚至敢於以當時皇帝為例進行批評，說「今世之服，大抵皆胡服」，甚至「今上領衫與靴皆胡服」。而在他的歷史記憶中，這個染上胡風的歷史，可以從宋上溯到唐，從唐上溯到隋，從隋上溯到元魏。按照他的理解，中國文明已經被胡人瓦解了，或者說異域文明已經取代了漢族固有文明，所以橫亙在他心中的一件大事就是確立「道統」，劃清華夷之界，所以說，「而今衣服未得復古，且要辯得華夷」[40]。

五　漢族的和中國的，什麼是漢族的和中國的

西方關於「民族國家」形成與「近代歷史進程」的理論，曾經被我們不加分別地接受，其實這一理論有西歐特別的背景，而中國歷史有中國歷史的解讀方式，宋代「中國」意識的形成就是一個例子。同時，我們的視野不必局限在歷史學家通常使用的資料範圍中，宋代的一些特別的文化現象也可以幫助我們理解宋代「中國」意識的形成。

第一個例子來自詩歌史。本來，在唐代詩歌中也有大量關於中外戰爭的作品，這些作品往往被稱作「邊塞詩」，但是，應當注意的是，在這些唐人的邊塞作品中，即使是百口相傳的名篇，也既有「黃沙百戰穿金甲，不破樓蘭誓不還」（王昌齡）、「匈奴破盡人看歸，金印酬功如斗大」（韓栩）這樣主張作戰立場相當清楚的，也有「年年戰骨埋荒外，空見葡桃入漢家」（李頎）、「少婦城南欲斷腸，徵人薊

40 見《朱子語類》，卷九十一，2328頁。

北空回首」（高適）這樣不那麼贊成戰爭立場的。可見，無論傾向戰還是傾向和，政治立場並沒有絕對的正義與非正義差異。可是在宋代，堅持主戰成了士大夫中唯一「政治正確」的立場。宋代對異族和異國的警惕，使得「愛國」主題真正占據了文學主流，詩裏是「獸奔鳥散何勞逐，直斬單于釁寶刀」（陸游），詞裏是「不念英雄江左老，用之可以尊中國」（辛棄疾）。需要思考的是，為什麼這種本來常常是尊前、花間的詞，卻要來反覆討論「中國」和悲憤「番胡」的事？而這種立足「中國」和討伐「番胡」的立場，為什麼在宋代詩歌中也似乎成了唯一的正義？第二個例子來自小說史。研究小說史的人注意到，唐宋傳奇雖然常常被算在一起，但是唐宋小說卻大不一樣，如三國故事大量產生於宋代，這並不一定僅僅因為宋代有城市、有瓦子，有《東京夢華錄》說的「霍四究說三分」，其實，自從歐陽修以及章望之、蘇軾、司馬光討論正統問題以來，這個「正閏」的話題下面，就隱藏了宋代文人對於國家的焦慮。為什麼是蜀漢？為什麼不是曹魏？這背後其實是為什麼是大宋，而不是遼夏的問題。當然，這個話題是從東晉習鑿齒、唐代皇甫湜以來一直在士人中討論的，但到了宋代，特別是南宋，那麼多人討論，而且都幾乎一致地帝蜀寇魏，這就是一個可以思考的問題了。[41]當宋代人再度強力肯定了蜀漢的歷史正

---

41 像張九成批評鄭如幾《魏春秋》的「魏紹漢統」（《吳興掌故集》卷三《遊寓類》鄭如幾條、陳霆《兩山墨談》卷十八）、張栻作《經世紀年》「直以先主上繼獻帝為漢」（《直齋書錄解題》卷四）、黃度《通史編年》四卷改變《通鑑》「於三國進魏黜蜀」的寫法（《絜齋集》卷十三《龍圖學士通奉大夫尚書黃公行狀》）、朱黻作《紀統論》「述呂武、王莽、曹丕、朱溫，皆削其紀年以從正統」（《文獻通考》卷一九三引葉水心語）、蕭常撰《續後漢書》四十二卷、開禧中李杞改修《三國志》「尊昭後主為漢紀，魏吳次之」（《玉海》卷四十七，參看歐陽守道《巽齋文集》卷二《代人上李守書》），特別是大學者朱熹，在著名的《通鑑綱目》中鄭重寫下了「漢中王即皇帝位」，都是人們很熟悉的例子。以上關於三國故事這一小節的內容，我曾經在《什麼可以成為思想史的資料》一文中作為例子討論過，載《開放時代》，2003年第4期。

統位置，確立了劉備、諸葛亮、關羽的正面形象，強調七出祁山進攻中原的合法性以後，即使在金、元外族當政，一般思想世界還都是這種觀念占了上風，而且左右了後來所有關於三國的小說、戲曲和講書的感情向背，這表明了思想史上已經確立了關於「中國」與「正統」的觀念。第三個例子來自宋元之際的知識分子歷史。儘管古代已經有「不食周粟」的伯夷叔齊，有據說因為東晉而不書劉宋年號，改以天干地支紀年的陶淵明，但是，無論是秦漢之間、漢魏之間、隋唐之間還是唐宋之間，都不大有成為文化群體的「遺民」，也不太會有堅持民族傳統本位的理念，更不曾成為一個知識分子的普遍現象和成為關於「道統」的普遍思想[42]。但是在宋元易代之際，知識分子中「遺民」群體的出現和「道統」意識的形成[43]。在某種意義上說，反映了「民族國家」的認同意識，儘管在他們心目中，「王朝」與「國家」始終沒有分得很清楚，而「道統」與「政統」也始終糾纏在一起。但是，畢竟「中國」在「外國」的環繞下凸顯出自己的空間，也劃定了有限的邊界，從而在觀念上開始成為一個「國家」，「漢文明」在「異文明」的壓迫下確立了自己獨特的傳統與清晰的歷史，從而在意識上形成了「道統」。

---

42 劉子健在《宋末所謂道統的成立》中曾經說到，「道學或理學在南宋垂亡之際成為道統，倒確有重大的後果，這與理宗怠於政事無關，而是在南宋亡國之後，忠於宋代不肯做蒙古官的儒者，致力於教學，深入民間。『國無異論，士無異習』……因政治風波而頌揚的道統，在異族的壓迫下，竟擴大滲透而成為漢族全社會的道統」，載劉子健：《兩宋史研究彙編》，281頁。

43 參看黃現璠：《宋代太學生救國運動》，「對外篇」之七《南宋覆亡後太學生之節操》，62-68頁，上海，商務印書館，1936。姚大力《中國歷史上的民族關係與國家認同》中仔細地區分了宋元之際遺民的心態與元明、明清之際遺民的差別，指出他們「可以承認新王朝的合法性，只要採取消極的不合作態度就可以了」，不如後來那麼嚴厲。不過，他也指出「（遺民）道德約束實際上是從宋朝起就得到大力提倡和強調的」。載《中國學術》，總第十二輯，187頁，北京，商務印書館，2002。

南宋詩人楊萬里在《初入淮河》中寫到「何必桑乾方是遠，中流以北即天涯」。到了南宋，「中國」已經從「八尺大床」變成了「三尺行軍床」了。乾道六年（1170），范成大記載，原來北宋的汴京現在金國的南京，「四望時見樓閣崢嶸，皆舊宮觀，寺宇無不頹毀。民亦久習胡俗，態度嗜好與之俱化。最甚者，衣裝之類，其制盡為胡矣」。差不多同時，樓鑰記載安肅軍（今河北省徐水縣）「人物衣裝，又非河北比，男子多露頭，婦女多『耆婆把』，車人曰：只過白溝，都是北人，人便別也」。「露頭」指髡髮，「耆婆把」指插戴雙鳥釵，都已經是異族服裝，就是朱熹說的「大抵皆胡服」。在不同政權的控制區域內，不止是服裝，文化、語言、習俗都開始出現了差異，本來是同一王朝下的同一民族，在異族控制下卻成了異國異俗。那裏的人們或許還有一些歷史記憶，所以樓鑰在雍丘時，駕車人對他說，「向來不許人看南使，近年方得縱觀」，又在真定府時，有老婦三四人，指宋使，「此我大宋人也，我輩只見得這一次，在死也甘心，因相與泣下」。但是，歷史記憶會隨著時間漸漸消失，連原同屬宋朝的相州人看見使者，也「指使人曰：『此中華佛國人也』」[44]，雖有欽慕之色，但言下之意，自己卻已經是另一國人了。殘酷的現實畢竟比傳統的觀念更能移人心神，這讓到北方出使的人感到相當震驚。從後來的歷史來看，那個時候，也許人們的觀念世界裏面，中國還不是後來那個多民族共同體的「中國」，但是，漸漸也已經不再是原來那個以我為中心藐視四夷的「天下」了。這個漢族中國，在越來越變得龐大的四夷的壓迫下，顯出中國有限的邊界和存在的緊張來。在關於「中國」的各種觀念和話題裏面，我們很可以看到當時人的感受和情緒，而這些感受和情緒所呈現的一般思想世界，就成了精英觀念和經典思想的一個背景與平臺，使他們總是在試圖證明「中國（宋王國）」的

---

44 范成大《攬轡錄》，樓鑰《攻媿集》，卷一一一《北行日錄》。

正統性和「文明（漢族文化）」的合理性，而這種觀念恰恰就成了近世中國民族主義思想的一個遠源。

拆了門檻就無內無外
——讀余英時先生《朱熹的歷史世界》及其評論

在哲學史或思想史研究中，朱熹從來都是一個中心人物，在錢穆、陳榮捷、狄百瑞等前輩學者之外，劉述先、張立文、金春峰、陳來和束景南等當代學人對此也有相當精細的研究。從生平到交往，從思想到文獻，幾乎沒有一處不被反覆耙梳。在這些目光炯炯的學者密集耙梳之後，難道還能另闢蹊徑，挖出什麼新資料，提出什麼新解釋嗎？可是，新近余英時先生出版的《朱熹的歷史世界》，偏偏就「跳出三界外」，找到了在宋代政治史的脈絡中重新解讀朱熹的新思路。

難得的是，余英時這部大著出版僅僅幾個月，漢語學術界就已經有好幾篇相當有分量的書評，僅僅我所寓目的，就有黃進興在《讀書》、劉述先在《九州學林》、陳來在《二十一世紀》、楊儒賓在《當代》發表的四篇。在學術社群越來越缺少共同話題，研究取向逐漸多元化的時代，應該說，能夠成為漢語學界共同關注焦點的書並不太多。特別是，一部書在還沒有出版的時候就已經洛陽紙貴，成為議論中心的，就更是少之又少。今年初，這本書還沒有問世，清華北大的研究生們已經不知從哪個網路上看到片斷，並且很熱烈地議論著。今年夏初我到香港時，則在《當代》雜誌上看到了連載的《緒說》，也聽到香港朋友相當不一致的評價，不過，我直到秋天到臺灣大學任教時，才完整地讀到了這部千餘頁的大書，這時，這部書才正式出版兩三個月。

讀了一遍書，也看了幾篇評論，聽了一些議論，禁不住想對余著發表一些感想，也想順便對評論提出一些評論。

一　政治史解讀：回到歷史場景的朱熹和理學

作為一個理學家，朱熹在過去學界被關注的重點，往往是他對「心」「性」「理」「氣」的論述及建構新儒學的體系、他與佛教與其他雜學之間複雜的關係、他在鵝湖之會上和陸九淵的著名論爭以及對後世「尊德性」與「道問學」風氣的影響等等。這是通常理學史和哲學史的做法，無論是日本秋月胤繼的《朱子研究》(1926)、友枝龍太郎的《朱子の思想形成》(1969)，大陸張立文的《朱熹思想研究》(1981)、侯外廬等人的《宋明理學史》上卷(1984)、陳來的《朱熹哲學研究》(1988)，還是臺灣劉述先《朱子哲學思想的發展與完成》(1982)，大體都是如此。正如余英時所說，「在一般哲學史或理學史的論述中，我們通常只看到關於心、性、理、氣等等觀念的分析與解說」(上篇，22頁)。可是，余英時在這部大著中要討論的，卻不是這些形而上的問題，而是朱熹與宋代政治史之間的關係，他要把朱熹放回整個宋代的歷史場景中去，所以他特別提醒讀者，要注意到孝宗一朝微妙的政治變動，找出「遺失的環節」。

什麼是「遺失的環節」？讓我們從皇帝講起。就像古代正史要以「本紀」貫穿全書一樣，古代中國的政治史裏，皇帝處在中心位置，這當然是常識，可是常識卻恰恰因為是「常識」而往往被忽略。余英時說，在過去的歷史研究中，本來處於政治中心的皇帝變得好像是「一種配景存在於舞臺之上，做功與唱功都是無份的」(上篇，21頁)，所以，他特別討論了神宗在北宋的意義。指出由於缺少皇帝這一環，所以，即使在慶曆時期，士大夫也「僅能鼓吹變法，卻不能發動變法，只有皇帝才能發動變法，因為他是政治領域的原動力」，直到神宗和王安石的相遇，才「使兩個原動力在『千載一遇』的情況下合流了」（上篇，344頁），於是有了北宋的變法。那麼，這與朱熹有什麼關係呢？大有關係，因為這就是「朱熹的歷史世界」之一。余英時用豐富的史料說明，在南宋理學家包括朱熹的期待視野中，南宋的孝宗與北宋的神宗有一種奇特的歷史連帶，因為孝宗不僅與神宗一樣有改革之心，而且也確實準備引進理學家型的士大夫，因此他在第十章中專門討論孝宗「晚年部署」，即引用周必大、留正和趙汝愚三相的歷史與意圖。應當說，這一論證相當有力，畢竟在古代中國，皇帝是權力中心，他的一舉一動一語一默，比任何人的影響都大，很可能引起政壇的異動，而本書的中心人物朱熹，也就是在這樣一個「歷史世界」中登場的。

朱熹在《孝宗皇帝挽歌詞》中所說的「乾坤歸獨運，日月要重光」並沒有成為現實，不過，那四十天卻讓朱熹一生都有「仰孤恩遇，無路補報」的感激。儘管孝宗的改革設想方案最終失敗，而且實施也僅僅是一年時間，但是，孝宗引進理學型士大夫、孝宗對於改革的急切和緊張，卻使得朱熹等一批理學型士人產生了像王安石一樣「得君行道」的願望。這使得從北宋以來士大夫讓皇帝「與士大夫共治天下」的政治想像越發高漲，「宋代不但是『士』最能自由舒展的時代，而且也是儒家的理想和價值在歷史上發揮了實際影響的時代」（上篇，390頁）。但正是這種理想，使得他們與官僚型士大夫發生了尖銳的衝突，終於，這一理想因為孝宗內禪於光宗，原動力消失而灰飛煙滅。不過，余英時發現，儘管這只是一次失敗的方案，但是兩種力量和兩個認同群體卻因此而產生，在理學家型士大夫中的認同和排斥漸漸凸顯的同時，官僚士大夫的排斥和攻擊也漸漸明確了方向。比如陸九淵因為「臣僚論駁，謂其躁進強聒」的被逐、林栗攻擊朱熹

「道學」、劉清之以「道學自負」案。罪名上升並聚焦到「道學」，這使得「道學」成了一種標誌，是官僚攻擊的空談、虛偽、誇誕的標誌，也是士人超越精神、高尚其事的標誌。

這個過去歷史學家「遺失的環節」，因此在余英時筆下重新浮現。這就是楊儒賓評論中說的將隱沒的歷史「顯題化」。我很佩服余英時讀書那麼仔細，他從理學家書信文章中看到「吾黨」「朋友」，從辯護者那裏看到「善良受禍」，從攻擊者那裏看到「偽學」作為惡稱，於是推測出「王淮執政在南宋黨爭史上標誌著一個新階段的開始，『道學』變成『朋黨』的一大名目，從此正式成立」。他看到在淳熙十年（1183）前後，不僅有了「偽學」之禁，連地方官也不敢推舉道學之士，理學型和官僚型的兩個士大夫集團的衝突開始顯現出來（上篇，495頁）。然而，到淳熙十五年（1188）前後，周必大取代王淮得到孝宗支持，「理學家作為一個群體很快便和他（周必大）結成了政治聯盟，這是南宋政治史上一大轉戾點」（下篇，164頁）。余英時特別點出朱熹《與留丞相書》繼承歐陽修《朋黨論》的意義，指出朱熹不僅能夠承認「君子之黨」的正當性，甚至提倡「引其君以為黨而不憚」，實際上是一大突破（上篇，497頁）。正是由於理學型和官僚型兩大集團的形成，引起了改變現狀和維持現狀的兩種政治取向，也導致了一直延續到1200年的政治風雲。這不僅影響到光宗初期周（必大）黨和王（淮）黨之爭，也終於引出了寧宗初期的「慶元黨禁」。余英時推測說，這一切起自孝宗時代的政治，「（孝宗的）設計是通過人事的更換，為新皇帝建立一個以理學型士大夫為主體的執政集團，來逐步實現他的構想，……孝宗和理學家群事實上是在計劃改變『國是』，然而卻沒有正式揭舉這面旗幟；他們大概希望於新皇帝能繼承這一新的開端，待一切部署完成以後再公開宣布，一新天下耳目」，但是，他們對光宗估計錯誤，造成了後來的悲劇。

儘管去古已遠，史料有闕，但是，余英時對於文本的細讀和歷史的想像，常常能夠補足歷史的線索（這也是他為何自己要說「心理史學」那一段話的原因，參看第十二章第二節和第四節，這兩節與其他部分不同，罕見地引用了一些西洋理論文字），以己意逆歷史之志，在歷史中重新用想像來走一遍，這恰恰是他自己討論過的科林伍德的想法。應該說，余英時先生充分表現了歷史學家對於歷史文獻的梳理能力，細心地描述了孝宗與光宗、官僚集團和理學集團以及皇權三者的互動關係（下篇，20頁），這是本書意義相當重大的地方。就連他自己也忍不住要引日本宋史專家寺田遵的話證明，這是一個可以自豪的研究，「完全屬於拓荒的性質」。雖然他謙虛地說「初次嘗試，思慮未周，聊備一說」，但是，其實他心裏覺得「涉及孝、光、寧三朝，屬於南宋政治史的中期，更是一片空白。至今仍然如此。所以下面四章的論述，從整體的解釋架構到具體史事的重建，都是根據原始史料勾稽而成」（下篇，105頁）。在《自序一》中，他特別提醒讀者說，重新描述這一段歷史，這是他在寫作過程中才意識到的新問題，「失去了這一環節，朱熹暮年為什麼會遭黨禁之厄便無從索解，而所謂慶元黨禁也就變成一幕無意識的歷史鬧劇了。從南宋李心傳的《道命錄》、樵川樵叟的《慶元黨禁》到清代全祖望的《宋元學案》都不夠解答這一無頭公案」（上篇，12頁）。

這確實是事實。

二　對理學史傳統敘述的顛覆

我很難判斷這一敘述路向與余英時對現代新儒學抽象繼承「道統」的好惡有多大關係，也很難判斷這與他對於歷史學方法的捍衛有多少關聯，但是，我從書中不厭其煩的再三批評中，看出他對於哲學史將歷史人物懸置在政治和文化之外，對於新儒學以「道統大敘事」的方法敘述理學史的做法，的確是相當不滿。難怪這一有意立異的詮釋路向受到劉述先的批評，說他「雖然有充分的理由建構一政治文化外王的脈絡，但不能以此取代哲學或思想觀念內聖的脈絡，否則便是由一個偏向轉移到另一個偏向，一樣失去了均衡」。

確實，余英時說了「顛倒乾坤」的話。上篇《緒說》的最後一節中說，「已往關於宋代理學的性質有兩個流傳最廣的論點，第一，在『道統大敘事』中，論者假定理學家的主要旨趣在『上接孔、孟不傳之學』。在這一預設之下，論者往往持孔孟的『本義』來斷定理學各派之間的分歧。第二，現代哲學史家則假定理學家所討論的，相當於西方形而上學或宇宙論的問題，根據這個預設，哲學史家運用種種西方哲學的系統來闡釋理學的不同流派。這兩種研究方式各有所見，但卻具有一個共同之點，即將理學從宋代的歷史脈絡中抽離了出來」。但他覺得，「無論『上接孔孟』或形上系統都不是理學家追求的終點，二者同是為秩序重建這一終極目的服務的。前者為這一秩序所提供的是經典依據，後者則是超越而永恆的保證，一言以蔽之，『上接孔孟』和建立形上世界雖然重要，但在整個理學系統中卻只能居於第二序（second order）的位置，第一序的身份則非秩序重建莫屬」（上篇，251頁）。

這一段話在好幾個評論者那裏都不約而同地被引用並加以評判，這說明這一席話相當刺激神經。不止於此，下篇《緒說》又一次重申，「從思想史、哲學史的觀點研究宋代理學的人往往不涉及理學與政治之間的關聯，他們的注意力集中在理學內部的理論構造方面。……這一研究方式在哲學史或思想史領域內本屬主流的地位，其正當性是不必置疑的。但以此方法施之於理學的研究，卻造成了一個相當普遍的印象，即理學與理學家與當時實際政治的關係，僅在若有若無之間。……傳統儒家認定理學家所講求的是萬古不變的『內聖之學』，現代哲學史家也斷定理學所處理的主要是不在時空之內的種種形而上學的問題。既然如此，理學家之說自有其內在理路可循，他們與政治的牽涉無論深淺如何，都不致對理學的建構和演進發生任何實質的影響。所以，在一般宋代哲學史或思想史的論著中，我們幾乎完全看不到理學家的政治活動」（14頁）。

這裏，余英時雖然肯定過去傳統敘述方式的「正當性」，但顯然這一種「委婉客套」，只是為下面嚴厲的批評「預先抱歉」，所以轉語雖然隱晦和委婉，背後的含意卻相當嚴厲，一個「但」字之下，從根本上瓦解和否定了通常「理學史」或「哲學史」的做法。第一，余氏把常識世界中對於理學和理學家的誤解，歸咎於這一思路和方法，認為這導致人們忽略思想與政治的關係，誤以為理學家都在空談形而上的義理，而對政治並不干預。第二，余英時把傳統的「道統」說，與此一研究方式聯繫起來，指出這種「道統大敘事」把理學當作超越時空的內聖之學或形而上學，「與傳統有一脈相承之處」。這「一脈相承」四字，很容易讓人理解就是「新儒學」的路數，難怪劉述先相當反感，要直接地說出重話，說余英時的議論和結論「遠遠逾越了範圍，恕我難以苟同，不能不提出一些異議」。第三，更加有意思的是，余英時寧可放棄了他一直提倡的「內在理路」說，反而把它讓給理學史的敘述者，他卻去強調外在政治文化在理學歷史和思想研究中的中心位置。比如說到朱熹、陸九淵，就乾脆不談通常關於朱陸之辯的爭論，「因為這些評論基本上都是有關『內聖』方面的歧異」，而主要談兩人「外王」方面就是得君行道方面的一致性，強調淳熙十年以後朱與陸作為政治盟友的關係、陸在唐仲友案上與朱的同一立場等等（下篇，74-78頁），這實際上在暗示，理學也罷，心學也罷，並無永恆不變的價值和意義，一切意義都必須呈現在具體的政治語境之中。

某些話語反覆呈現，就隱然成了一種基調或旋律。余英時一而批評哲學史或理學史的論述中，只看到關於心、性、理、氣等等觀念的分析，而看不到政治思想與政治活動，「有意無意之間也造成了一個相當普遍的印象，即儒學進入南宋以後便轉向了」（上篇，22頁）。再而指出「所謂宋儒上接孔孟千載不傳之道，此『道』絕不能僅指『天人性命』的『內聖』，而必須包括『治國平天下』的『外王』。『得君行道』的意識與活動在南宋理學社群中延續不斷者數十年，而且恰與理學活力最盛的時期相終始，對於這一事實我們是無法視而不見的」（下篇，96頁）。幾頁之後他又一次批評，「無論是傳統的『道統』史家或現代的哲學史家、思想史家，都不很注重理學家和權力世界的關係，偶而論及，也不過強調他們因持『道』論『政』而受到官僚集團的迫害而已」（下篇，103頁）。這些議論反覆出現，絕非偶然，以余英時這樣的文章高手來說，無關緊要的絕不可能再三重複，再三重複只能解釋為他的關懷和提醒所在。

把思想抽象為哲學，再把哲學變成懸浮在政治和生活之上的邏輯，這樣的做法我一直不贊成；而將思想放回歷史語境中，重新建立思想的背景，這樣的做法我始終很認同。確實，過去的哲學史或者理學史研究中，有一種發掘精神資源和思想傳統、為當代重新樹立「統緒」的意圖。哲學史家彷彿在中國傳統資源中尋找可以稱為「哲學」的潛質，就像一些人把朱熹比作東方的湯瑪斯・阿奎那一樣，他們在努力建構一個和西方哲學相對應的「中國哲學」。而新儒學則在宋代理學那裏尋找「精神」的源頭，就像宋儒不僅要闡揚韓愈「文起八代之衰」，而且還要指出他「道濟天下之溺」一樣，他們不僅要在朱熹思想中尋找形而上的「哲學」，也試圖在敘述中建立現代世界中來自古代的「道統」。可是，這樣的「抽象繼承」法，其實真的忽略了宋代理學的歷史環境和政治刺激，一種思想傳統的延續，並不是懸浮在抽象層面上的「影響」和「接受」關係，而往往是由於歷史環境的刺激，啟動原來的歷史資源，經過對歷史資源的重新解釋而來的。缺少了歷史研究，這種思想過程就成了純粹思辨的產物，彷彿魚離開了水，成了乾枯的標本。

三　能否或如何超越「內聖」「外王」對立的敘述模式

不過應當承認，當余英時特意凸顯「外王」一脈的時候，批評者卻批評他有意忽略「內聖」一路，並且指出，由於余英時有意強調「外王」，往往不免要強史料而遷就己說。

根據政治史的脈絡，余英時給宋代政治——在我看來仍然是廣義的思想史——劃出了相當清楚的三階段：一是「建立期」，指宋仁宗時期「儒學領袖人物都主張超越漢唐，回到三代的理想」，以范仲淹為代表，以士大夫為政治主體的這種傾向，開始得到了皇帝的支持；二是「定型期」，迴向三代的運動從「坐而言」轉向「起而行」，以王安石為代表的士大夫與宋神宗達成共識，即「皇帝必須與士大夫『共定國是』」，所以是「士大夫作為政治主體在權力世界正式發揮功能的時期」；三是「轉型期」，即朱熹所在的南宋時代，這個時代「王安石的幽靈也依然依附在許多士大夫身上作祟……朱熹的時代也就是『後王安石時代』」（上篇，18-19頁）。余英時用力證實的就是從王安石到朱熹這一政治史脈絡。

但是正如劉述先所說，「一般以為二程開出的思緒，要到南渡以後朱熹集大成，後世接受的道統傳承線索，即由朱熹建構而成」，這就是楊儒賓所說的「在程（顥、頤）、朱（熹）而不是在王安石到朱子間」拉線的「傳統的看法」。可是，此書卻將王安石與朱熹構成一個歷史脈絡，這無疑是石破天驚的「哥白尼式的回轉」。正是這一點上，余英時受到了楊儒賓相當有力的阻擊，楊氏語帶雙關地說，「『朱熹嚮往王安石』這樣的形象，顯然是需要極高妙的詮釋能力與極強的詮釋興趣者才可以勾勒出來」。他認定余英時「這樣的論斷怎麼看都是種詮釋」，因為他判定余英時並不是從史料中，而是從一種預設了前提的「詮釋」中得來的結論。他說，從資料中看，朱熹對王安石雖相當羨慕其「得君行道」，但也有相當多的批評，遠不如他對程子終身的尊敬和服膺，因此，與其說朱熹是在「後王安石時代」，不如說是在「後程頤時代」。

楊儒賓的批評有他的道理，但是也有一些不夠周延的地方。因為楊儒賓和劉述先一樣，是站在「回轉」的另一端。他判定余英時的立場，是「儒家的核心關懷是秩序的重建，而所謂的秩序基本上就是政治秩序，此世的政治世界才是真實的世界」，而他則引程頤「道通天地有形外」和朱熹「理世界是個淨潔空闊底世界」，強調理學世界也是一個真實世界，「人間秩序絕不能和價值秩序脫離」。事實上，他相當不滿的地方與劉述先一樣，就是他覺得余英時的這種做法「無意中摧毀了理學家一生最重要的工作，亦即摧毀了理學家辛苦建立起來的絕對性、普遍性的道德價值」。所以，他認為余英時所說的「第一序」與「第二序」，其實應當再回轉過來。可是，這一「回轉」恰恰把鐘擺又擺回了余英時所批評的注重「內聖」或強調哲學史脈絡的一端，即強調第二序應是第一序。然而，從你這一端出發，批評根本與你有意識對立的另一端，這種各執己見的批評常常沒有效果，余英時最簡單的回答可能就是，這是政治史的脈絡，和你那種哲學史或理學史的脈絡根本不相干。

其實，我也略覺余英時確實「有意立異」。從政治史角度把王安石和朱熹連起來，雖然揭出一個被遮蔽的側面，但也可能以這一側面遮蔽另一側面。正如他自己也承認的，當時有很多理學家像張栻等是極端反感王安石的，連朱熹也只是推崇其人而排斥其學。朱熹乾道二年（1166）以後編《伊洛淵源錄》，淳熙二年（1175）與呂祖謙同編《近思錄》，確實表明朱熹與周敦頤、二程之學有明顯的「統緒」。那麼，余英時為什麼要在「得君行道」的政治史一面特意建立一個從王安石到朱熹的歷史脈絡呢？是否南宋理學家的「得君行道」，一定會上溯到歷史記憶中的王安石與神宗呢？我想，不止是理學家，所有古代士大夫都有這種由「得君行道」而「治國平天下」之心，正如余先生所說是「宋儒的共同認識」（下篇，73頁）。所以不妨承認，王安石當時的對手司馬光與二程，也是一批期待「得君行道」的士大夫。當朱熹希望進入實際政治領域的時候，當南宋理學型士大夫期待君臣遇合的時候，他們可能會想到王安石，而在他們更多的不得志的時候，常常想到的可能就是賦閒在洛陽的司馬光和二程了。在北宋的二程難道不可能在朱熹的心目中成為「不得君行道」的歷史回憶嗎？儘管他們並沒有像王安石和宋神宗那樣有一個明顯的「君臣相得」，反而很多時候是在邊緣化的洛陽，但是，這不是和朱熹僅僅「立朝四十天」更相似嗎？為什麼在朱熹的歷史世界中，總是要出現王安石而不是二程呢？如果非要在理學的脈絡之外有意立異，另建一個政治史的脈絡，那麼，我們如何來解釋朱熹對二程等人不遺餘力的追憶和傳揚？

不過，我覺得無論在余英時還是在幾位評論者的文字中，傳統的「內聖」對「外王」、「道統」對「政統」、「思想」對「政治」這種兩分法仍然很明顯。余英時的歷史敘述固然有這種從「內聖」回轉到「外王」的傾向，而評論者無論贊同還是反對，其實也還是這種看似相反實則一致的二元傾向。陳來的評論題作《從思想世界到歷史世界》，似乎是把「思想世界」和「歷史世界」分別看待；而楊儒賓的評論則叫做《再回轉一次「哥白尼的回轉」》，顯然感覺上是一旦強調「外王」就必然偏向忽略「內聖」，所以，要「再回轉一次」。劉述先的評論雖然沒有特別的標題，但再三地提到余英時是「政治文化『外王』的脈絡」，而另一端則是「哲學或思想觀念內聖」。他特意揭出余英時「在概念上進行一次『哥白尼式的回轉』」這句話，有意把「revolution」譯成「回轉」而不譯成「革命」，不只是一種謙抑態度或者有意誤譯，他告訴人們，這種「回轉」其實就是「革命」，絕不止是「轉個圈而已」。所以，他也說余英時是「由一個偏向轉移到另一個偏向」。

但是，禪師有云，「拆了門檻便無內無外」，我想問的是，這種「內」「外」兩端真的是這樣參商懸隔，像日心說和地心說在當時那樣，有那麼巨大的「回轉」或者「革命」，因而水火不容，不可調和嗎？

四　「得君行道」「道理最大」和「一道德同風俗」

如果容我用最簡約的方式來表述，我以為宋代的政治文化史或思想文化史上，有三個關鍵值得注意：一個是余英時注意到的宋代「為與士大夫治天下」的政治新情況，這引起了士人對「得君行道」的期待，這當然可以牽出王安石到朱熹這一政治史的線索。二是「道理最大」這一觀念的出現，這是思想史領域中理學在宋代出現的絕大背景，也是相對與「政統」的「道統」得以成為崇高精神的根本原因。順便可以提到的是，楊儒賓已經提到了這句極為重要的話，只是他誤讀《宋元學案》，把這段話當成是邵雍對宋太祖的回答。其實北宋中後期的邵雍無緣與北宋初期就墓木已拱的太祖會面，這段話絕不可能是邵雍向宋太祖說的。三是「一道德同風俗」，這句話在宋代士大夫那裏曾經被反覆說到，無論是王安石一系還是反王安石的一系，這句話在宋代作為士大夫的共識，其實也相當重要，從這裏可以引出一條社會史的思路。

不錯，余英時過於強調「得君行道」的這一脈絡，他把它概括成「秩序重建」，並且作為理學系統中的「第一序」。這當然有政治史的立場與道理，但也引起了劉、楊等人的批評。在「內聖」的脈絡下，余英時確實很難回應這些批評。但是，回過頭來需要深思的是，「道理最大」這一從宋初就開始醞釀，並且催生了「道學」的想法，是否只能支持「內聖」一路呢？或者說，這種強調「道」和「理」的觀念，是否如劉述先所說「內聖之學的根本目的在於一己的安身立命」呢？不是的。我注意到，這個「道理最大」，其實恰恰也是在文彥博所謂皇帝「為與士大夫治天下」的語境中才被士人們確認其意義的。如果說，皇帝必須與大多數士大夫共治天下，或者必須通過士大夫治理天下百姓，那麼，士大夫以什麼來制約無邊的皇權呢？在普遍的皇權世界中，只有借用絕對的和超越的領域。熟悉北宋歷史的人會記得，從孫復到呂公著、富弼、司馬光，都曾經嘗試用傳統的「災異」來制約皇帝。但是這種舊方法似乎抵擋不住「天變不足畏」，所以，士大夫只能嘗試以「士」為「師」，以「道」制「王」，即以道理來約束皇帝。正如余先生看到的，「王安石『以道進退』，司馬光也『義不可起』。他們都以『天下為己任』，皇帝如果不能接受他們的原則，與之『共治天下』，他們是絕不肯為做官之故而召之即來的」（上篇，306頁）。這一點王安石、司馬光並沒有區別，程頤程灝也一樣，「正叔以師道自居，侍上講，色甚莊以諷諫，上畏之」，人問他為何如此，他以為「吾以布衣為上師傅，其敢不自重」？士大夫能夠依賴的只有「道理」，在這個意義上，他們都是「道學」。難怪宋代士大夫反覆說，「天下唯道理最大，故有以萬乘之尊而屈於匹夫之一言，以四海之富而不得以私於其親與故者」。

「道理」和「政治」並不是兩端，當然有時候它們確實不能合二為一。在「師」與「君」、「道」與「權」不能尋找到共同點，士人不能「得君行道」的時候，重建知識與思想的制高點，借助一個絕對和超越的領域，確立士大夫的批評權威，就成了這些處於邊緣的士大夫實現政治意圖的途徑。在北宋神宗時代，如果說汴梁由於王安石得君行道成為政治權力運作的重心，那麼，洛陽則由於司馬光、邵雍和二程，漸漸成了一個政治批評和道學闡發的重心，其間的差異只是一在朝一在野而已。所以，在宋代思想史上，儘管我們看到的是「道」「理」「心」「性」這樣一些語詞，但是他們終極指向，卻是從「正心修身」到「治國平天下」。在他們心底，這是適合於「天下」的「最大道理」「天下之定理，無所逃於天地之間」。因此，在不能實現第一序的「得君行道」時，第二序的「道理最大」就自動成為第一序。你會看到，當士人在為「富國強兵」憂心忡忡的時候，他們提出的目標卻是「天下朝夕太平」；在士人逐漸感到皇權支持下實用風氣在支配政治的時候，他們打出的王牌卻是「道理」；當社會逐漸失去道德同一性的時候，他們提出的根本拯救辦法卻是「心」與「性」的自覺。他們堅持這種高調的理想主義，並把這種叫做「道學」或「理學」的思路看成是「重建秩序」的唯一途徑。儘管在後來的歷史變局裏，失去了政治舞臺的「道學」越來越隱晦了自己的顯示關懷，而呈現出純粹哲理的色彩，變得好像是一種懸浮在半空的形而上學。

我在這裏還想提出影響宋代文化的第三個重要觀念，這就是關於「一道德同風俗」。余英時提出「理學不能概括儒學全部」，這顯然是正確的，但是儒學包括什麼？「業儒之人」如果不僅僅是理學家，甚至不僅僅是官僚集團裏那些儒生出身的人，那麼是否還包括更廣闊的士人群體，甚至包括吏員、儒醫、塾師之類？如果僅僅限制在「政治」範圍中，當然另當別論，如果僅僅討論「理學」，當然更不必過度搜求，但是如果涉及整個宋代思想與文化，我以為尚有很多空間需要填補。余英時在第三章中敏感地注意到歐陽修「多談吏事」，注意到地方政府中的「枉直乖錯」，也注意到張載在本鄉「以禮化俗」、呂大鈞兄弟在藍田建立「鄉約」、范仲淹創立「義莊」。其實這是很重要的現象，正如余先生所說，宋代政治領域「並不是極少數理想特別高遠的士大夫所獨有」，這種在地方上整頓倫理秩序的活動，「表示士大夫已明確地認識到，『治天下』必須從建立穩定的地方制度開始」（上篇，293-299頁）。應當看到，這種相當深刻地改變著宋代社會和文化的活動，其實是「秩序重建」最重要的一環，從上而下，從下而上。正因為如此，王安石對「人無異論」的「一道德以同天下之俗」相當上心，朱熹也特意重新編纂《家禮》、修訂《呂氏鄉約》、編輯《童蒙須知》，陸九淵一系更對家族倫理秩序的重建和維護相當用心。在這一脈絡下，還可以看到相當多這類歷史現象，比如真德秀、劉宰等等大批官員在任上的時候要寫各種各樣勸諭性的榜文。特別是，宋代有更大量的儒學之人，他們既不是高明的理學家，也不是中央的官僚，他們在地方官任內，在賦閒家居時，也都曾經推行「一道德同風俗」。這種國家與社會的共同推進，導致了「宋代文明同一性」的逐漸確立和擴張。可是，這一脈絡無論在哲學史、思想史還是政治史中，仍然得不到充分呈現。現在，據說無論中外學術界，都對宋代的「地方精英」相當重視，但是「地方精英」中最大數量的儒學人士，究竟在宋代政治文化和思想文化上起了什麼樣的作用，他們是如何奠定近世中國社會倫理與文化傳統基調的呢？

回到余英時的大著。余英時把道學或理學放在政治史的背景下討論，這確實是他的絕大洞見。他揭出一個貫穿性的大背景，「宋代政治史上出現了一個空前絕後的新因素，不但對朝政的推移具有支配的力量，而且對士大夫世界的變動更發生了決定性的影響。這個新因素便是所謂『國是』」，而「國是」在宋代之所以有特別意義，因為它在宋代已經「是一個法度化的觀念，因而成為權力結構中的一個組成部分」（上篇，340頁），於是一切議論都需要放在這一背景下討論。這是很對的，正因為他這樣看理學，所以他洞察到當時各種歷史文化和思想活動「貫穿著一條主線，即儒家要求重建一個合理的人間秩序」（上篇，79頁）。我唯一需要強調的只是，秩序為什麼要重建，如何重建？這些其實都有宋代相當特別的背景。我以為余著起首要籠罩全篇的「迴向三代」其實僅僅是政治史的背景之一，畢竟古來儒家都在描述一個理想的「三代」在「迴向三代」之下，還有兩個基點更重要，一是唐五代的秩序崩潰，二是外敵環伺的現實緊張。前一背景逼出了儒學解釋的自我更新和社會倫理的重新整頓，後一個背景則逼出了整個宋代的「國家意識」和「危機意識」，這都是「國是」的背景。

黃寬重、鄧小楠都曾經先後討論過「國是」，余英時沒有提到，當然這不妨礙他對「國是」的解說。我在這裏要說的是「國是」在北宋與南宋的連續性。正如 Morris Rossabi 的論文集的書名 China among Equals 所顯示的那樣，從北宋開始，中國就已經是處在「棋逢對手」之中。正因為如此，從石介《中國論》、歐陽修《正統論》起，士大夫的政治思考一直在這個背景之下。這個隱隱的巨大的背景就像張耒《送李端叔赴定州序》說的那樣，「君臣不以掛於口而慮於心者，數十年矣」，所以宋代關於「國是」的爭論，與當時已經形成的這種「國際」形勢和「國家」意識有關。很多人的憂患都來自遼、夏、金的「環伺」，否則北宋的「國是」討論，就不能與後來南宋高宗、李綱之「國是」討論相延續，使「國是」成為一個共用的詞語和話題。特別是，如果不是一個「國家」，所謂「國是」也不可能成為舉國關注的中心而成為「法度化的觀念」。余英時所謂南宋初李綱的「國是」，不僅成為國家的最高政治綱領，具有制度上的約束力，朝廷不能改變，而且連士大夫也不可以「異論相攪」，而且「第一次顯示出國是的超黨派性質」（上篇，366頁），這個說法還要討論。其實，關於國家的「正論」得到「權力」的支持而成為「國是」之後，無論在北宋還是南宋，都是不容討論的，都有政治上「超黨派」的絕對正確性。但是，在成為「國是」之前，則正如余氏自己所說，「國是」並不只是一個固定的觀念或政策，而是會變化的，如果司馬光的「異論」說服了神宗，它就成了「正論」，「『國是』便會改變，『國是』變則宰相必將易人」。可見，「國是」是政治性的詞語，在皇帝和政府承認的叫做「國是」，不被承認的在野的就叫做「異論」，而把它們放在一起互相鉗制，才叫做「異論相攪」。一旦成了「國是」，其實就是現在常說的「政治正確」，它使某些策略和思想有絕對的正當性，關鍵的關鍵還在於權力。遺憾的是，朱熹這一批充滿改革意識的理想主義者，在孝、光、寧宗時代並沒有能夠「得君行道」，也沒有壓倒因循守舊以妥協的現實策略維持政治的官僚集團，因此他們的「道理」雖大，卻沒有成為「國是」，只能成為「內聖之學」，成為現實政治的遙遙的批評者。倒是大批地方精英的努力，卻在歷史學家不經意處有力地推動了宋代社會，實現著「一道德同風俗」，導致了漢族文明的真正「擴張」。

回到歷史場景
——以宋代兩個關鍵字為例談哲學史與思想史的分野

一 「道理最大」的詮釋

有一個宋代故事常常被哲學史家注意，那就是宋初太祖與趙普的對話。當時，宋太祖問趙普，「天下何物最大」？趙普回答說，「道理最大[1]」。

這段對話相當重要，因為，從過去哲學史角度來看，這是下啟宋代理學的一個象徵性話語。由於有這個「道理最大」，人們注意到在各種具體知識之上，必須確立一個絕對的「理」，它是「天理」，因為「道理最大」，而且，宋代士大夫議論政治的風氣很盛，它不僅提高了掌握「道理」的士大夫的地位，而且在士人中間形成論證「理」「氣」「心」「性」等道理的風氣。從宋初開始，經由三先生（胡瑗、孫復、石介），到周、邵、二程，再到南宋的朱熹，形成了後來所說的「理學」和「道統」。正如淳祐九年（1249）吳氏為魏了翁《鶴山大全集》作序時說的，「藝祖救百王之弊，以『道理最大』一語開國，以用讀書人一念厚蒼生，文治彬郁，垂三百年」[2]。所以《傳貽

---

1 見沈括：《續筆談》，此引自《宋史全文》，卷二十五，1742頁，哈爾濱，黑龍江人民出版社，2005。

2 他說，這一句話啟開了歐陽修、蘇軾「崇議論，厲風節，要以關擊教，達國體為急」，周敦頤、張載、司馬光等人「《易傳．探天根，《西銘》見仁體，《通鑑》精纂述，《擊壤》豪詩歌」，以及朱熹「學貫理融，訓經之外，文膏、史馥、騷情、雅思，體法畢備」一直到魏了翁、真德秀等。

書院記》裏說，「道理最大」這句話，「識者謂開萬世理學之原，猗然盛哉，自時厥後，天下設立書院，通古學今之士，彬彬輩出。」

很多哲學史，包括理學史的著作，基本是這一思路。因為「理」很接近哲學，是超越在具體知識和技術之上的道理，所以，理學史常常充當了哲學史的「脈絡」。很多早期的中國哲學史就是以這個「理」和理學家為中心敘述宋代哲學的，這使得古代儒家的「道統」暗渡陳倉，成了哲學史的「系譜」[3]。被列入這一系譜，意味著可以稱之為「哲學」；凸顯了「理」這一哲學關鍵字，也就意味著這種很超越很抽象的「理」的研究史，可以構成一個完足的歷史系譜。特別是，由於這個超越的「理」常常是非常抽象的，它比任何具體的政治道理和生活經驗都更需要在內心體驗，並且與外在的宇宙和內心的本性相關，所以，它還構成了「中國轉向內在」，並使得整個儒家的重心從「外王」轉向「內聖」。[4]因此，最近在關於余英時《朱熹的歷史世界》一書的爭論中，這一句話又被提起，楊儒賓就引用了趙普的這句話，強調了儒家「內聖」一脈的重要性，還引了程頤「道通天地有形外」和朱熹「理世界是個淨潔空闊底世界」，強調「理」的世界，也是一個真實世界，「人間秩序絕不能和價值秩序脫離」。[5]

二　哲學史之外：政治史解讀的可能性

余英時不同意這一哲學史方法，這在《朱熹的歷史世界》一書中

3 比如趙蘭坪根據高瀨武次郎著作編譯的《中國哲學史》(1925)、劉侃元譯渡邊秀方《中國哲學史》的近世哲學部分第一編（1926）、鍾泰《中國哲學史》卷下第三編（1929），所以，所謂宋代哲學史就是根據《伊洛淵源錄》到《宋元學案》的道統敘述而來的。

4 參見劉子健：《中國轉向內在：兩宋之際的文化內向》。

5 楊儒賓：《再回轉一次「哥白尼的回轉」》，載《當代》，2003年第11期。

曾經再三說到[6]。在上篇《緒說》的最後一節中，他批評「已往關於宋代理學的性質有兩個流傳最廣的論點，第一，在『道統大敘事』中，論者假定理學家的主要旨趣在『上接孔、孟不傳之學』。在這一預設之下，論者往往持孔孟的『本義』來斷定理學各派之間的分歧。第二，現代哲學史家則假定理學家所討論的，相當於西方形而上學或宇宙論的問題，根據這個預設，哲學史家運用種種西方哲學的系統來闡釋理學的不同流派」[7]，又在下篇《緒說》中說，「傳統儒家認定理學家所講求的是萬古不變的『內聖之學』，現代哲學史家也斷定理學所處理的主要是不在時空之內的種種形而上學的問題。既然如此，理學家之說自有其內在理路可循，他們與政治的牽涉無論深淺如何，都不致對理學的建構和演進發生任何實質的影響。所以，在一般宋代哲學史或思想史的論著中，我們幾乎完全看不到理學家的政治活動。[8]所以他在這部大書中，有意把研究的注意力從「內聖」轉向了「外王」，這是他針對傳統的「道統」敘事或者哲學史研究，特意進行糾偏的結果。

稍稍有些遺憾的是，他沒有特別去討論「道理最大」這個關鍵字。其實，「道理最大」既可以是「理學」和「道統」的起點，成為哲學史的詮釋基礎，同時它也是政治史上的重要關鍵字，必須放在當時的歷史環境中，才能建立起理解的背景。

---

6 儘管余英時也很注意與哲學史研究方法避免直接衝突，如他在回答楊儒賓的《我摧毀了朱熹的價值世界嗎》一文中，就先有所申明，但是這種申明並不能遮蔽他對哲學史尤其是「道統大敘事」的不滿。

7 余英時：《朱熹的歷史世界》上冊，251頁，臺北，允晨出版事業公司，2003。以下引《朱熹的歷史世界》均同此本。

8 余英時：《朱熹的歷史世界》，下冊，14頁。

三　放在「為與士大夫治天下」的語境中理解

「道理最大」這一從宋初就開始醞釀，並且催生了「道學」的說法，並不僅僅支持「內聖」一路。我注意到，這個「道理最大」，恰恰是在文彥博所謂皇帝「為與士大夫治天下」的政治史語境中，才被人們確認其意義的[9]。單純一個「道理最大」，並沒有對社會和政治產生實際影響力和約束力，只有皇帝不得不與大多數士大夫共治天下，或者不得不通過士大夫治理天下百姓時，「道理」才顯出它超越皇權的價值和意義；反過來，也只有借用絕對的和超越的「道理」，士大夫才能在那個皇權相對擴大的時代，稍稍約束皇權的濫用。熟悉北宋歷史的人會記得，從孫復到呂公著、富弼、司馬光，都曾經嘗試用傳統的「災異」說來制約皇帝，但是，這種舊方法似乎抵擋不住「天變不足畏」的新思潮，所以，士大夫只能嘗試以「士」為「師」，以「道」制「王」，即以「道理」來約束皇帝。「正叔以師道自居，侍上講，色甚莊以諷諫，上畏之」，人問他為何如此，他以為「吾以布衣為上師傅，其敢不自重」[10]？而作為「帝師」的士大夫手中能夠依賴的，只有「道理」，在這個意義上，他們都是「道學」難怪宋代士大夫反覆說，「天下唯道理最大，故有以萬乘之尊而屈於匹夫之一言，以四海之富而不得以私於其親與故者」[11]。

所以，「道理」和「政治」並不是兩端，哲學史和政治史也不能彼此涇渭兩分。在「師」與「君」、「道」與「權」不能尋找到共同點，士人不能「得君行道」的時候，重建知識與思想的制高點，借助一個絕對和超越的領域，確立士大夫的批評權威，就成了這些處於邊

---

9 李燾：《續資治通鑑長編》，卷二二一，熙寧四年三月。

10 《河南程氏外書》，卷十二，載《二程集》，423頁，北京，中華書局，1981。

11 《中興兩朝聖政》，卷四十七，乾道四年七月。

緣的士大夫實現政治意圖的途徑。我在《洛陽與汴梁》一文裏說到過[12]，在北宋神宗時代，如果說汴梁由於王安石得君行道，成為政治權力運作的重心，那麼，洛陽則由於司馬光、邵雍和二程，漸漸成了一個政治批評和道學闡發的重心，他們借用「道理」來抨擊政治，兩者都關注現實政治，差異只是一在朝一在野而已。所以，在哲學史上，儘管我們看到的是「道」「理」「心」「性」這樣一些語詞，但是，在他們心底，這其實是適合於「天下」，也適合於政治的「最大道理」「天下之定理，無所逃於天地之間」。因此，在不能實現余英時先生說的第一序即「得君行道」，成為實際社會秩序的建立者時，第二序的「道理最大」就自動成為第一序，成了宋代儒者全身心投入的學理和思想。儘管在後來的歷史變局裏，失去了政治舞臺的「道學」越來越隱晦了自己的現實關懷，而呈現出純粹哲理的色彩，但是實際上它仍然有著相當濃厚的政治意味。

所以，如果說哲學史有權力把古代思想以「哲學」的名義「選取」出來，在純粹「抽象」的層面上進行研究，那麼，思想史就絕不可以不考慮這一思想在歷史環境中的意味。我注意到，「道理最大」不僅在北宋，就是在南宋的朱熹時代也是極有政治意味的。在退位的尚宗尚控制政局，而孝宗有意進取卻不能施展的乾道七年（1171），這句話曾被孝宗有意味地引用：四月，當梁克家奏事時說到「天下事惟其是而已，是者，當於理之謂也」，有心改革的孝宗，就引用宋太祖與趙普的這一對話說，「朕嘗三復斯言，以為祖宗時，每事必問道理，夫焉得不治」。後來，被余英時稱為「理學型士大夫」代表之一的留正，就在孝宗這一段話下批道，「壽皇因論道理最大，乃以一言以蔽之：固不當任私意。嗚呼，盡之矣」，表達了對這番話的極大敬

12 見《洛陽與汴梁：文化中心與政治重心的分離》，載《歷史研究》，2000年第5期。

意。同樣，朱熹在淳熙十四年（1187）得到周必大推薦，進臨安去見孝宗時，有人曾勸他不要去向皇帝講這種「上所厭聞」的大道理，可是朱熹偏偏堅持說，「吾平生所學，惟此（正心誠意）四字」，朱熹覺得，「天下事自有大根本處」的「大根本」就是「道理」，而這個最大的道理就是「正君心」[13]。所以他面對孝宗時居然能夠批評孝宗「天理有未純，人欲有未盡」，所以才導致「即位二十七年，而因循甚苒，無尺寸之效可以仰酬聖志」[14]。這種君臣之間的契合和共識，是否就是余英時先生所說的，孝宗晚年引用「理學型士大夫」的一個原因？因為在上面孝宗的這一段話裏面，既涉及到「道理」，又關係到「（國）是」，而且還成了「祖宗（家法）」，這三個宋代政治的大關鍵字合在一起，又出於孝宗之口，豈不是一個重要史料？而在朱熹的言論中，「治道」的「根本」，恰恰就是道學的「正心誠意」，這豈不是貫通學術與政治的證據？可惜的是，余英時先生好像並沒有特別去注意，否則，這是否可以說明哲學史上的「道理」、政治史上新的「國是」和制度史上舊的「祖宗家法」，確實是彼此糾纏在一起的？

四　不必畫地為牢的思想史：在哲學史、社會史、政治史之間

我在給余英時書寫書評時，曾說到思想史應當放開自己的視野，站在哲學史、政治史和社會史之間，要把看上去很「抽象」的一些思想放回歷史場景中。前面說到哲學史和政治史，這裏再補說社會史這一方面。

---

13 見《朱子語類》，卷一〇八，2678頁。

14 見《晦庵先生朱文公文集》，卷十四《延和奏札五》。

余英時提出「理學不能概括儒學全部」，這顯然是正確的，但是儒學包括什麼？「業儒之人」如果不僅僅是理學家，甚至不僅僅是官僚集團裏那些儒生出身的人，那麼是否還包括更廣闊的士人群體，即吏員、儒醫、塾師之類？如果僅僅限制在「政治」範圍中，當然另當別論，如果僅僅討論「哲學」，當然更不必過度搜求，但是如果涉及整個宋代思想史，我以為尚有一些空間需要填補。余英時敏感地注意到歐陽修「多談吏事」，注意到地方政府中的「枉直乖錯」，也注意到張載在本鄉「以禮化俗」、呂大鈞兄弟在藍田建立「鄉約」、范仲淹創立「義莊」，其實，這是很重要的現象。這種在地方上整頓倫理秩序的活動，「表示士大夫已明確地認到，『治天下』必須從建立穩定的地方制度開始」。應當看到，這種相當深刻地改變著宋代社會和文化的活動，其實是「秩序重建」最重要的一環，從上而下，從下而上，正因為如此，王安石對「一道德以同天下之俗」才相當上心。

「一道德同風俗」也是宋史上的一個大話題，從思想史的角度來說，這個話題絕不比「道理最大」或者「得君行道」小。我們在宋代可以找到很多文獻資料，比如，宋神宗和宋徽宗的詔令中都有這個意思，呂公署、李昭玘、曾鞏、秦觀、唐庚、羅從彥等等[15]很多士大夫也都說這個話。從這些人對「一道德同風俗」的共同理解中，可以知道這話意義非常複雜。

第一，主張「一道德同風俗」，有一個很重要的目的是統一思想和學術，經由教育而清除異端，這就是《長編》卷二二九宋神宗希望王安石拿出著作來統一學界思想的意思[16]，也是王安石批評「一人一

---

15 分別見於呂公署《上神宗答論學校貢舉之法》、李昭玘《重外》、曾鞏《新序目錄序》、秦觀《韓愈論》、唐庚《策題》、羅從彥《司馬光論王安石》等等。

16 李燾:《續資治通鑑長編》，卷二二九，熙寧五年，5570頁。

義，十人十義，朝廷欲有所為，異論紛然」的意思[17]。王安石和宋神宗都知道，如果「異論相攪」「治道何由成」，所以要「一道德」。這個意思，後來朱熹《雜學辯》裏面其實也繼承的，所以他說先王之世，因為一道德同風俗，所以有「天下之大，人無異言，家無異學」的好處。在《朱子語類》卷一〇九裏面也可以看出，他對王安石的這一意思是完全理解的[18]。這是一個思想史的脈絡。

第二，這種期待思想、學術和風俗一致的想法，是在敵國外患逼出來的一個中國的民族國家意識，所謂「均政刑，合禮樂，一道德，同風俗，以天下為一家，以中國為一人」[19]，就是這個意思。我曾經說，不必按照西方關於「近代民族國家」的歷史尺寸來剪裁中國，中國的「民族國家」意識和「敵國外患」意識，其實是宋代就開始的；「一道德同風俗」的目的，其實就是建設民族共同體的認同與規則，這是政治史的一個問題。

第三，為了成為一個國家，成為一個文明，推行士大夫的理想秩序，需要有國家和地方、皇權與士紳的雙重力量來推動，這就成了宋代生活世界思想變化的一個重要背景。在這一背景下，就可以看到相當多這類歷史現象，除了朱熹特意重新編纂《家禮》，修訂《呂氏鄉約》，編輯《童蒙須知》，陸九淵一系更對家族倫理秩序的重建和維護相當用心之外，比如真德秀、劉宰等等大批官員在任上的時候要寫各

17 見《文獻通考》，商務印書館萬有文庫本，卷三十一《選舉四》，292頁。

18 朱熹說，考試出偏怪題目，使人不得不胡說，是由「道術不一」引起的，「所以王介甫行《三經字說》，說是一道德同風俗，是他真使得天下學者盡只念這物事，更不敢別走作胡說，上下都有個據守。若是有才者，自就他這腔子裏說得好，依舊是好文字」。又說，如果考試由得這些人胡說，「卻不如王介甫樣，索性廢了較強」，見《朱子語類》，卷一〇九，2694頁、2697頁。

19 張方平：《樂全集》，《四庫全書》影印本，卷二十六《重外》上海，上海古籍出版社。

種各樣勸諭性的榜文、勸俗文。特別是，宋代有更大量的儒學之人，他們既不是高明的理學家，也不是中央的官僚，他們在地方官任內，在賦閒家居時，也都曾經推行「一道德同風俗」。這種國家與社會的共同推進，導致了「宋代文明同一性」的逐漸確立和擴張。這更是社會史的一個方面[20]。

這也是當時最大的「道理」，就好像現在說的「發展是硬道理」一樣。新舊兩黨也罷、「理學型士大夫」和「官僚型士大夫」也罷，其實都對這一點並無異議。可是，這一歷史脈絡無論在哲學史、思想史還是政治史中，仍然得不到充分呈現。現在，據說無論中外學術界，都對宋代的「地方精英」相當重視，但是，「地方精英」中最大數量的儒學人士，究竟在宋代政治文化和思想文化上起了什麼樣的作用，他們是如何奠定近世中國社會倫理與文化傳統基調的呢？

五　歷史場景：再說思想史與哲學史的差異

回到哲學史與思想史的問題上來。

如果說，古代儒家對於古代思想世界的敘述，是為了確立所謂「道統」的書寫，那麼，中國哲學史敘事，是對中國古代思想進行西方哲學意義上的「系譜化」。系譜化是把各種各樣複雜的、偶然的、喧鬧的、雜亂的歷史和思想，用西方的現代的哲學的「後見之明」來清理、篩選、編織和解釋。這個「系譜化」常常以一種哲學的、理性的、順暢的方式，把歷史和思想變得可理解，就像一部後來發達的家族重新編寫的族譜帶來的是族人的認同和榮耀一樣，思想的歷史系

---

20 參看葛兆光：《國家與士紳雙重支持下的文明擴張》，載《中國思想史》，第二卷，356-386。

譜同樣可以支持現在人對「過去思想」的認同和對「歷史傳統」的期待。

但是，它的缺陷也很明顯，這裏不能細說。我在關於余英時書的書評裏面說到，「把思想抽象為哲學，再把哲學變成懸浮在政治和生活之上的邏輯，這樣的做法我一直不贊成，而將思想放回歷史語境中，重新建立思想的背景，這樣的做法我始終很認同」。我覺得，這就是思想史和哲學史的區別。過去的哲學史（或者理學史）中，有一種發掘精神資源和思想傳統，為當代重新樹立「統緒」的意圖，哲學史家彷彿在中國傳統資源中尋找可以稱為「哲學」的潛質。可是，這樣的敘述方法，其實往往忽略了古代思想的歷史環境和政治刺激，一種歷史久遠的思想史傳統，並不是懸浮在抽象哲理層面上的「影響」和「接受」的連續關係，而往往是在以下三種背景下形成並延續的：第一，在權力的支持下，成為制度、常識和風俗，真正進入和影響社會民眾，變成生活世界中始終延續的觀念；第二，經由經典記載而延續，經由教育而普及，成為所謂的「傳統」；第三，那些當時並不一定有影響的思想，作為歷史資源而存在，由於新的歷史環境的刺激被啟動，又經過後人的重新解釋而成為新傳統。

這裏，「制度化」「常識化」「世俗化」，以及「歷史環境」，都需要具體而微的歷史研究。思想史如果缺少了歷史場景的研究，這種思想過程就成了純粹思辨的產物，彷彿魚離開了水，思想就成了顯微鏡中乾枯的「標本」，歷史就成了實驗室裏純淨的真空狀態。因此，我覺得，新的思想史研究，應當回到歷史場景，在知識史、思想史、社會史和政治史之間，更不必畫地為牢。

一個普遍真理觀念的歷史旅行
——以陸九淵「心同理同」說為例談觀念史的研究方法

接替蔡元培當過北京大學校長的蔣夢麟，在他的名著《西潮》中，回憶中國受到西洋思想衝擊的往事時，曾經說到，在他年輕時，「每當發現對某些問題的中西見解非常相似，甚至完全相同時，我總有難以形容的喜悅，如果中、西賢哲都持同一見解，那麼照著做自然就不會錯了……我開始瞭解東西方的整體性，同時也更深切地體會到宋儒陸象山所說的『東海有聖人出焉，此心同，此理同。西海有聖人出焉，此心同，此理同』的名言」[1]。比蔣氏更早的譚嗣同，在他的《與唐紱丞書》裏面，也說到這種想法，他說「何謂大義？明乎學術、治術之當然，合乎地球萬國之公理，可永遠行之而無弊」。他認為，在中國的經典裏面，當然有很多好東西，但在其他的書裏面，也有好東西，是否是有價值的東西，需要以這種通行的「大義」即「公理」來權衡鑒別：「何謂公理？放之東海而準，放之西海而準，放之南海而準，放之北海而準。東海有聖人，西海有聖人，此心同此理同也。猶萬國公法，不知創於何人，而萬國遵而守之。」[2]

---

1 見《西潮》，54-55頁，瀋陽，遼寧教育出版社，1997。又，順便可以說到，採用各種語言的文獻資料進行比較研究，卻一直拒絕比較文學名稱的錢鍾書，對於東西方的思想、學術與真理有一個基本觀念，就是相比較而言，在差異與共通上，他更看重共通性。他把這個意思寫在《談藝錄・序》中，也叫做「東學西學，道術未裂，南海北海，心理攸同」。

2 蔡尚思、方行編・《譚嗣同全集（增訂本）》，264頁，北京，中華書局，1998。以下引《譚嗣同全集（增訂本）》均同此本。

這兩段話似乎都表現了當時熱切地摒棄民族界限，擁抱普遍真理的心情。應當注意的是，在西風絕對壓倒東風的晚清民國，這個關於普遍真理的觀念，已經與傳統中國對普遍真理的想像不同，這個「公理」不一定產生在中國，不一定是中國聖人的言論，也不一定在中國的經典中，倒有可能來自西洋，出自西洋人之口，來自西洋的經典。所以，宋人陸象山關於「東海西海，心同理同」的這句話，雖然在當時是一種老話或套話，但是卻給中國人接受西方真理鋪了路。由於有了陸象山這段話，中國人對於西方強勢衝擊的緊張和焦慮，被稍稍緩解；由於有了陸象山這段話，西方的知識、思想和信仰，似乎也有了超越文明區域的合理性。因此，從某種意義上來說，這段話，或者說這段話裏包含的觀念，曾經成了中國人晚近普遍主義或者叫做世界主義思想的經典依據或古老資源。

這段話很有名，但是這裏要討論的問題並不是它的本義如何，而是一個看上去相同的觀念如何由於不同語境的刺激因而意義重心有所變化的歷史問題。我們知道，這一段話在南宋到晚清民初，由於陸學的不斷崛起、傳播和影響，曾經反覆被人們引用、解釋和發揮。因此，我試圖討論這一觀念在三個時期的意義重心究竟如何變化。所謂三個時期，即陸九淵提出這一觀念的南宋時代，它再次被反覆引述的明代中後期，和西洋知識、思想與信仰已經遏制不住地大舉進入中國的晚清民初。這一觀念在這三個不同時期的旅行，可以用來作一個觀念史的研究。

一　什麼是觀念史的研究

通常談到觀念史研究的時候，一定會提起諾夫喬伊（Arthur O. Love-joy）的《存在巨鏈》（The Great Chain of Being: A Study of the

History of an Idea），這本書的《導論》中討論到觀念史的研究思路和方法。[3]他說，在歷史上有一些最基本的或重複出現的觀念，包括「一些含蓄的或不完全清楚的設定，或者在個體或一代人的思想中起作用的，或多或少未意識到的思想習慣」。這些東西是「心照不宣地被假定」的，而且是無須加以論證的，它們「常常是屬於如此一般，如此籠統的一類東西，以至於他們有可能在任何事情上影響人的反思進程」，但是，這些看上去似乎是日用而不知的「常識」，實際上，卻是社會生活中最重要的觀念。對這些觀念的歷史研究，不僅要穿越不同的歷史時代，因為一個觀念及其表達會在不同時代延續和傳播，而且要穿越不止一個歷史領域，因為研究觀念的生成、流傳、變化，必然涉及很多歷史、社會、技術的問題，甚至還要超越不同民族和國家，因為一個觀念並非只由一個民族和國家所獨享。正是由於觀念傳播和延續不限於一個歷史時代、歷史領域和民族國家，因此，觀念史討論的話題常常超越朝代、國界和語言，擁有更大的時間與空間。它拒絕從國籍和語言上切割對象，把自己拘束在狹小的政治共同體和民族共同體中，它必須考慮超出國界的東西。同樣，由於觀念的歷史延續和變異，觀念史討論的話題，常常要追蹤觀念的歷時性變化，並且考慮同樣的一個觀念，為何有這些內涵的變化？因此，人們還要討論引起這些變化的歷史背景和文化背景。

---

3 〔美〕諾夫喬伊：《存在巨鏈》，第一章《導論：觀念史的研究》，5頁、9頁、18-19頁，南昌，江西教育出版社，2002。在這部書中，諾夫喬伊討論的是「存在」這個西方的關鍵性觀念，此外，對於西方來說，可能還有「本原」「命運」「流變」「上帝」這樣一些重要的觀念。比如鮑默（Franklin L. Baumer）的Modem European Thought: Continuity and Change in Ideas, 1600-1950，就是以五個永恆的觀念問題為中心，一是上帝，二是自然，三是人，四是社會，五是歷史。同時他又用「存在」（being）和「流變」（becoming）來貫穿整個敘述。參看李曰章譯本，書名改作《西方近代思想史》，臺北，聯經出版事業公司，1988。

這一觀念史研究方法在中國研究中相當有效，因為無論在古代中國還是現代中國，觀念的歷史延續性都相當強。在中國的主流思想世界裏，一直有一個借助經典文本、聖人語錄、最高指示的解釋和闡發，來陳述思想觀念的習慣或傳統。「引經據典」的表面意思，雖然是描述一種博學的表達方式，而背後卻表明真理必須有根有據，這個根據常常就是聖人話語和經典文本。而在中國的非主流思想中，也總習慣於需要有權威和文本的依據來說服他人，比如「有書為證」或者「有詩為證」。其實它的實際含義也並不總是掉書袋，而是常常標誌著有經典根據和歷史淵源。這一傳統使得古代中國的一些重要觀念，總是一再因為生活環境的刺激，被人們從塵封的歷史典冊中翻揀出來，在重新解釋以後，賦予新的意義，在同一詞面意義上延續舊傳統和表達新思想。所以，看上去雖是同一個觀念，但其內涵卻相當複雜而且變化多端。同一觀念就像陽光下的三棱鏡一樣，在不同時代語境中呈現不同的色彩和意蘊。因此，觀念史方法就有很充分的用武之地。

我們舉一個例子，比如《論語・公冶長》中有一句話：

> 子貢曰：夫子之文章，可得而聞也，夫子之言性與天道，不可得而聞也。[4]

這段話在最初被子貢說出來的時候，可能只是記載孔子並不重視虛玄的「性」和「天道」的事實，但這個意思被記載在《論語》中，卻向後人暗示了儒門一系對具體知識和社會倫理的關心，和對玄虛之理的輕視和冷落。但是在東漢，當鄭玄把「性」解釋為「賢愚吉凶」，而把「天道」理解為「七政變動之占」[5]，把「性與天道」解釋成了社

4 《論語・公冶長》，《十三經注疏》，2474頁。

5 范曄：《後漢書》，卷二十八《桓譚傳》注引，960頁。

會道德倫理與自然天地知識時，孔子這種對「性與天道」的沉默，又被理解成了對道德倫理與數術知識的冷漠。一方面是不談空洞的倫理道德，一方面是不談具體的數術知識。

然而，在玄學產生之初的魏晉，荀粲卻對這段話有了另外的詮釋。約大和初年（227），他說，「常以為子貢稱夫子之言性與天道，不可得聞，然則六籍雖存，固聖人之糠粃」[6]。荀粲的這段話中有三點新想法：首先，他的思路與傳統的思路不大一樣之處是，他追尋的是思想幽深玄遠的依據，是過去儒者所迴避或所擱置的本原，所以，他將「道」「性」這一類玄虛的詞彙當作自己討論的「關鍵字」（Keywords）。其次，他確認「性與天道」在思想中的優先意味，「道」是一切事物與現象之本，「性」是一切品格與道德之本，這就有了「道」與「器」、「本」與「末」、「形上」與「形下」的分別，他所謂「天下孰有『本』不足而『末』有餘者邪」，就是這個意思。再次，「性與天道」並不是可以用語言描述、用物象比況的，「理之微者，非物象之所舉也」，它能為人所體會，卻不可為人所言說，所以是「象外之意」。也許，正是這種詮釋，使古代中國出現了一個追求超越之「理」、超越之「性」的時代風氣。所以在正始年間（240-249），「好老、莊言」的何晏在《論語集解》中注解「性與天道」一句時就說：「性者，人之所受以生也。」「天道者，元亨日新之道，深微，故不可得而聞也。」[7]試將這一注解與前引鄭玄的注解對比，就可以看到何晏之於「性與天道」，追尋的不是人在社會中的具體行

6 見《三國志》，卷十《魏書．荀彧荀攸賈詡傳》注引，319頁。又，劉劭《人物志》接續戰國儒家五行說與道家自然說，對「中庸」加以道家化的解說，也是一例，參見湯用彤：《讀人物志》，原載《魏晉玄學論稿》，收入《湯用彤學術論文集》，196-213頁，北京，中華書局，1983。

7 《論語注疏》引，《十三經注疏》，2474頁。

為、品格及其後果，即「賢愚吉凶」，而是人之為人的終極依據，即「所受以生」；不是「七政變動」等具體天穹的圖像與星象的流轉，而是宇宙之為宇宙的深微大道。本來暗示不必討論的東西，在這時變成了需要追尋的東西；曾經被理解成數術占卜的「數」，在這時被理解成了玄意幽遠的「理」。

然而，到了唐宋時代又不同。儘管唐代韓愈也講「道」，李翺也講「性」，可是一直到北宋，儒學家仍然不是很重視抽象玄虛的道理，如歐陽修說《中庸》是「虛言高論」，又說「性非學者之所急，而聖人所罕言，他認為很重要的是具體的禮樂制度和吏制之學，顯然，他是從正面接受孔子不說「性與天道」的思想。可是，另一些理學家卻說「性」說「理」，他們理解《論語》中的「子罕言性與天道」，是說孔夫子最精彩和最深奧的道理就是「性與天道」，可是，因為一般人沒有這個能力和水準，所以孔子就只能用具體的禮來拯救天下。所以，後來的朱熹說歐陽修雖然很了不起，但是你不說到「性與天道，也「於道體猶有欠闕」，而陸九淵也批評歐陽修，「歐公《本論》固好，然亦只說得皮膚」[8]。所以理學家要「繼絕學」，把孔子最重要的東西發掘出來，這樣，「性與天道」的討論，就有了接續「道統」的意思，又一次變得很重要。

一個觀念在理解和解釋中的這種變化，顯然是由於觀念的背景，也就是環境、知識和心情的歷史變化而來的，因此，觀念史恰恰需要研究觀念背後的歷史。換句話說，觀念史因此就不是哲學史式的，哲學史可以把觀念懸浮在孤立的文本中，自行繁殖和推衍，構造它的歷史，但是，觀念史需要把它放在「環境」裏面，看看那些溫度、水分

8 朱熹語見《朱文公文集》卷三八《答周益公》；陸九淵語見《陸九淵集》卷三十四《語錄上》，北京，中華書局，1980年。以下引《陸九淵集》均同此本。此處均參看余英時：《朱熹的歷史世界》，72頁。

如何使它破繭而出，使蠶化為蛹，蛹化為蝶。

二　心同理同：有放之四海皆準的普遍真理嗎

現在回到陸九淵的那一段話上來[9]。

我們不去追溯這段話的淵源，其實，它未必是陸九淵的發明，像北宋司馬光就說過，「苟為聖人矣，則推而放諸南海而準，推而放諸北海而準，烏有可行於西方不可行於中國哉。」[10]但是，由於陸氏這段話名聲太大影響太廣，所以，人們習慣把它的所有權歸之於用最大聲音說出來的人。我們仔細分析這一段話，可以看出裏面蘊涵了三個可能的意義重心，換句話說，就是在這段話裏能夠被解釋和引申的有三個方面：第一個是「心」。他強調人內在的心靈具有與外在宇宙同等的價值，所以在前面他說，「宇宙內事，是己分內事，己分內事，是宇宙內事」，這就是他的學說後來被稱作「心學」的原因。他強調本來是個人的「心」可以等同於普遍適用於天下的「理」，這就是理學和心學的爭論焦點。第二個是「古今東西」之「異」，即「千萬世之前」和「千萬世之後」以及「東南西北海」。如果重心在這一點，那麼是在強調，雖然真理是超越時間和空間的，心靈和道德是全人類共同的，但是歷史時間和地域空間卻有差異。第三個是「心」與

---

9 這段話是這樣的：「四方上下曰宇，往古來今曰宙。宇宙便是吾心，吾心即是宇宙。千萬世之前，有聖人出焉，同此心同此理也。千萬世之後，有聖人出焉，同此心同此理也。東南西北海有聖人出焉，同此心同此理也。」見《陸九淵集》，卷二十二《雜著》，273頁，又見於同書卷三十六《年譜》，483頁。錢鍾書《管錐編》第一冊《繫辭（六）》中推測說，「九淵之說，即《樂緯稽耀嘉》所謂『聖人雖生異世，其心意同如一也』，而推宙以及宇耳』。

10 司馬光：《文中子補傳》，轉引自《邵氏聞見後錄》，卷四，32頁，北京，中華書局，1983。

「理」之「同」。陸九淵強調「心」對於一切的籠罩性，而這種籠罩性，是建立在天下的「心」和「理」的同一性上面的。在他們看來，只要是人，是擁有一樣價值、道德、倫理的人，無論古今東西，都會有同一的價值觀念、同一的道德認知，而人類的認同基礎就在這裏，所以說「咸有一德，乃可共事」。

天下能夠有共用的一心一理一德嗎？在古代中國思想世界裏能夠承認這種超越華夏中心的觀念嗎？通常，人們都很熟悉「內諸夏而外夷狄」這樣充滿偏見的傳統說法，覺得古代中國一直是漢族中心主義，但是正如吉川忠夫指出的，《公羊傳》成公十年的一段話，則表現了古代中國還有另外一種觀念，在《公羊傳》中，除了尊王攘夷的內容外，也有期待「天下遠近大小若一」的升平世的理想。[11]所以，儘管古代中國強烈區分華夷，但是為了強調華夏文明的普適性，很早人們也堅持自古以來就有的一個觀念，就是說，只要有這種「理念」和「心靈」，就是「進於禮樂」，不再是夷狄。夷狄是「偏於一隅」的，「偏霸」不僅僅是說他們地理上偏於一角，而且也是說他們在文明上也是褊狹仄逼的。簡單地說，文化與道德之所在，就是華夏與夷狄的分野，有此心有此理者即文明，無此心無此理者即野蠻。與那種充滿傲慢自大的民族中心主義觀念一樣，這一包含了寬容和接納的文化普遍主義觀念，也構成了後世中國思想史的一種潛在資源。[12]

這一點很重要。由於古代中國觀念中的「天下」，大體上是以華夏為中心的一個空間，在這個空間裏面，漢族為中心的華夏文明，一向自信高於其他文明，東夷南蠻北狄西戎都受中央的影響和教化，因

11 〔日〕吉川忠夫：《內と外》，載《岩波講座：東洋思想》，第十三卷《中國宗教思想 I》，266-278頁，東京，岩波書店，1990。

12 參看錢穆：《中國文化史導論（修訂本）》，第二章《古代觀念與古代生活》，41頁，北京，商務印書館，1994。

此在很長時間裏，並沒有文明意義上的「天下」與「民族」之間的緊張，所以在古代中國的儒家思想中，本來就有一種「以天下為一家」的普遍主義觀念。儘管他們一方面很早就有「攘夷」的說法，例如擔心「被髮左衽」，擔心「以夷變夏」[13]。但是，另一方面，他們又有「乘桴浮於海」「子欲居九夷」的說法[14]。在充滿自信的古代中國，很多學者相信，因為天下並沒有另一個足以與華夏相頡頏的文明，所以相當願意承認，凡是吻合這種文明的就是「夏」，而不符合這種文明的則是「夷」，而這一本來是漢族自我中心的思路，偏偏就成了後來普遍主義觀念的土壤。[15]

當然，問題是這種「普遍」只涉及華夏或諸夏，而那時的「世界」其實只是當時人心中的「天下」，而「天下」只是以漢族所居的「中國」為中心的一個文化圈。在沒有相當的異文明來挑戰的時代，這種對於秩序與真理的普遍性的自信，並不容易受到任何挫折。但是漢唐之後，尤其到了「八尺大床變成了行軍床」的宋代，一方面在北方遼、夏、金的相繼壓迫下，「中國」開始凸顯，一方面在佛教文明的衝擊下，「道統」需要強調，所以，真理的普遍性和世界性就打了

---

13 最典型也是被引用的最多的文獻，如《禮記》裏關於「中國戎夷五方之民皆有性也，不可推移」和《孟子》中「吾聞用夏變夷者，未聞變於夷者也」，以及後來晉代江統建議把戎夷在地理上與中國分開的《徙戎論》，分別見於《禮記・王制第五》《孟子・滕文公上》，載《十三經注疏》，1338頁、2706頁；《晉書》，卷五十六《江統傳》，1529-1534頁。

14 見《論語・公冶長》《論語・子罕》，載《十三經注疏》，2473頁、2491頁。

15 比如在最近出土的楚簡《民之父母》中，就有把一種「五至」「三無」的道德倫理境界，看成是「天下」共通的，所以說誰能致「五至」、行「三無」，就可以「皇（橫）於天下」（第二簡）、「君子以此皇（橫）於天下」（第六簡），並且說，這種境界，「奚（係）耳而聖（聽）之，不可得而聞也，明目而見之，不可得而見也，而得既（氣）塞於四海矣」，馬承源注中引《爾雅・釋地》「九夷、八狄、七戎、六蠻，謂之四海」，見《上海博物館藏楚竹書（二）》，上海，上海古籍出版社，2002。

折扣，於是，思想史上就會出現究竟是「東海西海，心同理同」，還是「非我族類，其心必異」的問題。

三　超越一切的「理」和「心」：南宋時期陸九淵這段話的重心所在

宋代是一個「國家」和「種族」意識開始真正凸顯的時代[16]。從石介寫《中國論》開始，在敵國外患映射下的國家民族存在，這一焦慮和緊張，始終是一個陰影籠罩在所有人的心中，正如北宋人張耒說的那樣，「為今中國之患者，西北二虜也，……君臣不以掛於口而慮於心者，數十年矣」[17]。和唐代以前的「國家」觀念相當不同的是，如果說，唐代以前儘管有「國家」的概念，卻沒有「國家」明確的空間、種族、文化意識，唐以前儘管有華夷之辯，但只是一種「文化」意義上的自我和他者的分別，那麼，到了宋代，人們意識到知識、思想和文化不僅有了華夷之分，而且華夷之分也已經不僅僅是「文化」上的，而且開始把「華」「夷」和地域、疆界、民族畫上了等號，有了明確的民族與國家邊界。因此，我們看到很多新的觀念和新的現象，其中很重要的一方面就是，在文化和思想上，漢唐的宏放和自由，在事關安危的背景下換成了小心翼翼；前代所謂天朝的大方和豪氣，在不太自信的心境中變成了揣揣不安。

這種惴揣不安成為一種心理背景，或者說是心理陰影，籠罩在關於思想的各種議論中，潛藏在關於真理的種種說法背後。特別是在陸九淵生活的南宋時代，士紳階層中的精英分子宣導新儒學，又同時關

16 參看傅樂成：《唐代夷夏觀念之演變》《唐型文化與宋型文化》，載《漢唐史論集》，209-226頁、339-382頁，臺北，聯經出版事業公司，1977，1995。

17 《宋文鑑》，卷九十一《送李端叔赴定州序》，1293頁。

佛教與論正統，無論他是否有明確的意識，背後都包含了相當強烈的民族主義和國家觀念[18]。這種建立在民族主義和國家觀念上的真理觀有一個最後的界限，即政治也罷、信仰也罷、歷史也罷，真理和正義只在漢族中國，朱熹思想的一個基本依據和背景大約就是如此[19]。所以，他會說「世衰道微，異端蜂起，近年以來，乃有假佛釋之似以亂孔孟之實者，其法首以讀書窮理為大禁，常欲學者注其心於茫昧不可知之地，以僥倖一旦恍然獨見，然後為得」[20]。然而，我們注意到的是，陸九淵卻很少提到這種關乎民族、國家、皇權正統的問題，也很少批判佛教的思想，儘管他也相當主戰，並且也有過實際的行為，但是，從他的思考理路來看，主要是為了把「理」和「心」的意義推到極致，並強調它超越民族、國家邊界的普遍性。

所以他的這一段話，儘管如我們前面所說有三個意義重心，但在當時，他的重心是在「心」和「理」兩字上面[21]。這在陸九淵的論著

18 按：朱熹一系的學者，多有一種對異端的批判意識，尤其強調儒佛之分，參看陳淳：《北溪字義》，後附《似道之辯》，80-82頁，北京，中華書局，1983。

19 關於朱熹對於異族的看法，以前曾經根據「抗戰」和「投降」來劃分他的立場，如朱瑞熙《朱熹是投降派賣國賊嗎》《一論朱熹的政治主張》等文章中有所討論，分載《歷史研究》，1978年第4期；《朱熹與中國文化》，上海，學林出版社，1989。後來王曾瑜在《紹興和議與士人氣節》中也有討論，見《中國史研究》，2001年第3期。最近舒仁輝、王淑君則對王文進行了反駁，見《也論紹興和議期間士人的氣節問題》，載《杭州師範學院學報》，2003年第2期。但是我是從思想史角度去分析的，我以為從朱熹諸多議論，例如他對三國孰為正統的極力辨析，對火葬的反感，對佛教的批評，對宋代服飾不復古而有胡風等等看來，關於「中國」和「漢族」的隱憂是深藏心中的，所以他並不像陸九淵那樣對真理的普遍性有這樣的樂觀態度。

20 《朱子文集·答許中應書》，參看陳建：《學蔀通辯》，後編卷上，《朱陸學術考辯五種》，152頁，南昌，江西高校出版社，2000。

21 我們很難看出陸九淵說這番話的背景中，究竟有沒有針對異族文明和異域文化的意思，但是我們可以感覺到，陸九淵對於當時最大的異族文化，也就是佛教，雖然也有批評，但是大體上還是有網開一面的寬容，比如《與王順伯》（《陸九淵集》卷二，17頁）中對儒佛的比較，只是說儒「盡人道」，解決社會問題，佛「無生死」，

中可以看得很清楚，如《論語說》「道者，天下萬世之公理，而斯人之所共由者也」，《雜說》「理之在天下無間然也」。而這個理或道，是存在於人心的，「人心至靈，此理至明，人皆有此心，心皆有此理」[22]。他一再強調「心一心也，理一理也，至當歸一，精義無二」，這個內在的含有超越真理的「心」，就是通常所說的「理」。他認為所有學者的最終境界，就是追求這個「理」這個「心」[23]，而這個超越的心和理，是形而上的，超越時空的，與它相比較的背景是具體的「器」和「用」，這是形而下的，受到時空局限的。因此他一再說，這個「理」或「心」是充塞宇宙的，「塞宇宙一理耳」[24]，它無意中帶出來的，是追求超越古今，超越東海西海的真理境界。由於他要強調「心」和「理」超越時空，所以他說「東海西海」，而這「東海西海」恰恰就給後世提供了一個超越國家與民族的普遍觀念的基礎。當然，應當說明的是，儘管他的這一說法中已經含有普遍主義的意蘊，儘管他有意無意中瓦解了漢族對真理的獨占，但是，因為陸九淵的重心始終在「理」或「心」的超越性上，這一層普遍主義真理的意義在當時並沒有特別地，也沒有明確地凸顯出來。

解決個人問題，「惟義惟公，故經世，惟利惟私，故出世」。又參《贈僧允懷》（《陸九淵集》卷二十，245頁）。又《策問》中關於佛教的一段很重要，因為他把儒道佛三家的爭論看成是彼是相非，而主張「天下之理，唯一是而已……」（《陸九淵集》卷二十四，289頁）又，《語錄上》對於「異端」的解釋，也很有意思。陸九淵對於華夷之分，有自己的見解，見卷二十三《講義·大學春秋講義》「聖人貴中國」一段，他仍然堅持的是以文化區分華夷，而不是以民族國家區分華夷的立場，由於這種立場，他比較容易接受真理和文化的普遍主義觀念。

22 見《陸九淵集》，卷二十一《論語說》，263頁；卷二十二《雜說》，270頁、273頁。

23 見《陸九淵集》，卷一《與曾宅之書》，4頁；卷十一《與李宰書》，149頁。

24 看《陸九淵集》，卷十一《與吳子嗣書（八）》，147頁；卷十五《與吳斗南書》，201頁。

四　明清：作為接受異域新知前提的「東海西海」論

不過，思想史的連續和影響，並不完全是因為前人的話，對後人直接產生什麼影響，有時前人的話，只是觸動後人的契機，彷彿成語說的「郢書燕說」，或者老話說的「說者無心，聽者有意」。思想常常是一種資源，在某種歷史環境所引起的歷史記憶中被發掘，被重新解釋，然後變成新的思想依據。如果我們把這種當時的知識和思想，當作後世思想史的資源來看，那麼，陸九淵對於後世的意義之一，就在於這一段著名的言論中，當他強調著「超越真理」的價值時，他無意中肯定了「普遍真理」的存在。而這種肯定超越時空的普遍真理的思路，無意中又瓦解了依據民族的歷史、經典和精英對真理解釋的壟斷權力，使得國家、民族、傳統對於來自其他文明系統的真理的限制化為烏有，於是，知識、思想與信仰就處在了一個開放的多元世界中，任何拒絕真理的理由都統統被消解。

雖然在陸九淵的時代，這種思路並沒有導致傳統中國真理防線的瓦解，但是，在當「中國」真正遭遇「世界」的進入、「歷史」真正遭遇到「現實」的挑戰的時候，它卻真的可能成為一種接受新知的基礎，這裏要說的就是十六世紀下半葉以後的「中西初識」。十六世紀末，西洋傳教士、西洋的知識與思想開始進入中國，關於這一文化接觸，已經有很多研究，這裏要討論的只是，在接受西洋新知的時候，陸九淵「東海西海，心同理同」這一觀念如何成為一種調適的資源，使中國人比較容易面對異域文化的心理震撼。

十六世紀末十七世紀初正好是繼承陸九淵學說的王陽明之學大盛的時代，由於王學的緣故，陸九淵的思想和言論是很多人相當熟悉的，包括「東海西海，心同理同」。從現有的資料來看，陸九淵的這一段話，在那個時代成了一句常常被引用的名言。李之藻在《萬國坤輿圖序》中為了說明中國人應當接受利氏的《山海輿地圖》帶來的新知識，就引用陸九淵的話說：

> 今觀此圖，意與暗契，東海西海，心同理同。於茲不信然乎？[25]

這裏表達的就是一個普遍主義真理觀念，正如胡璜《道學家傳》引徐光啟的話說的那樣，「古古今今，聖聖相傳，口口相述，道歸一貫，故光啟徐相國曰：普天之下，原同一祖，其斯之謂也。」[26]而「普天之下，原同一祖」的意思，就是真理並沒有時間和空間、也沒有種族與文明的界限。而瞿式谷的《職方外紀小言》有一段話，更清晰地表述了這些接受了新知識的人心中觀念的轉化。他說，中國只占亞洲十分之一，亞洲只是天下的五分之一，中國人不能無端自傲。為了強調這一點，他也引陸九淵為證，「曷徵之儒先，曰東海西海，心同理同。誰謂心理同而精神之結撰，不各自抒一精彩，顧斷斷然此是彼非，亦大踳矣。且夷夏亦何常之有？」也就是說，根據陸九淵的話，他已經否定了以種族分「夷夏」的觀念，並且願意承認，中國並不是文明唯一的中心，固執華夏文明優越的觀念是不正常的[27]。

這就是普遍主義或世界主義。也就是說，文明是一個絕對的普遍的真理，它與國家的地域位置無關，如果真理在此，當然「從善如流」，如果真理在彼，就應當「棄暗投明」。雖然表面看來，這裏仍然沿襲的是南宋陸九淵的老話，就如楊廷筠在《代疑編・總論》中強調

---

25 見禹貢學會重刻《坤輿萬國全圖》，1936。類似的話還有如《代疑編序》中的「其真同者，存為前聖教之券，識東海西海之皆同」，見《天主教東傳文獻（初編）》，481頁，臺北，學生書局，1982。

26 見《徐家匯藏書樓明青天主教文獻》，第三冊，1027-1028頁，臺北，輔仁大學神學院，1996。以下引《徐家匯藏書樓明清大主教文獻》均同此本。

27 見艾儒略：《職方外紀》卷首附，載《職方外紀校釋》，9頁、5頁。

儒者應當服從「心」和「理」一樣，但是應當注意，下面還有一句話：「彼國學者既以窮理為入門，已上多端必辨析有素，若果言而果入理，不荒唐，不附會，信而有徵，使我廓然心解，不難捨所學而從矣。」就是說，儒者可以捨棄原來的學問和思想，轉而去學習更正確的學問與思想。在這個西學進人的特別時代，陸九淵話裏的「東海」與「西海」，消泯地域與種族界限的意思便凸顯起來。

舉一些明顯的例子。比如在接受新的世界圖像時，相當多人就挪用了陸九淵的這段話，依據這一思路對多元的文明圖像和來自西方的真理，進行合法化和合理化闡發。楊廷筠《職方外紀序》說那些來自西方聖人的真理，是：

> 質之東海、西海，不相謀而符節合者[28]。

李之藻《天主實義重刻序》也說：

> 信哉，東海西海，心同理同，所不同者，特言語文字之際。[29]

這樣的例子太多，如王家植《題畸人十篇小引》、葉向高《西學十誡初解序》，大體上都是沿著陸九淵的說法發揮和引申的。孔貞時在《天問略小序》中也說，如果真理真的是被西方人發現的，那又有什麼奇怪呢？它本來就是天地間的真理。「天地間預有此理，西士發之，東士睹之，非西士之能奇，而吾東士之未嘗究心也。」馮應京在《山海輿地全圖總序》中更大方地承認東方與西方都有聖人，而米嘉穗《西

---

28 見艾儒略：《職方外紀》卷首附，載《職方外紀校釋》，9頁、5頁。

29 載《天學初函》，第三冊，1296頁，臺北，學生書局，1986。

方答問・序》也引用了陸九淵的話，批評那些把「理」和「心」限制在中國一隅的文化民族主義，說「學者每稱象山先生東海西海、心同理同之說，然成見作主，舊聞塞胸，凡紀載所不經，輒以詭異目之」[30]。這時，不僅是陸九淵的「東海西海，心同理同」這句話在當時被反覆使用，包括孔子願意乘桴浮於海、願意到九夷去居住、願意向郯子請教知識，儒家相信「禮失求諸野」等等，這些歷史資源都被重新發掘出來，作為當時儒家知識分子接受異域知識的理由。

萬曆年間，程百二編《方輿勝略》，師仲子在卷首寫了一篇序文，其中記載著名的馮應京乍一看到利瑪竇《山海輿地全圖》時的震撼。馮應京感慨地說，「悠悠方儀，萬象咸載，吾道放之而皆準，詎忍遐遺，亙當視如家園譜牒」。師仲子還說，馮應京的志向是「聯萬國為弟兄」。當時這些很開放的觀念，經典依據就是陸九淵的話，而要說明的就是「吾道放之皆準」和「聯萬國為弟兄」的世界主義[31]。

五　「東西南北之分，不過就人所居立名，初無定準」

特別有趣的是，就連當時和稍後來到中國的西洋人也常常要引用這段話。

本來，西洋傳教士來華，並不是內心真的有多元文明的意識，只是到了明帝國這種「天下中心」觀念極其強烈的環境裏面，他們一定要用「多元」回應「一元」，以「多中心」對付「一中心」。正如艾儒

---

30 原話是「中國聖人之教，西土固未前聞，而其所傳乾方先聖之書，吾亦未之前聞，乃茲交相發明，交相裨益，唯是亦六合一家，心心相印，故東漸西被不爽耳」，以上分別見於徐宗澤：《明清間耶穌會士譯著提要》，151頁、300頁、278頁，北京，中華書局，1989。

31 程百二：《方輿勝略》卷首，《四庫禁毀書叢刊》，史部，第21冊，111-112頁，北京，北京出版社，2000。

略在《職方外紀・五大洲總圖界度解》中說的：「地既圓形，則無處非中。東西南北之分，不過就人所居立名，初無定準。」[32]「無處非中」這句話很有力量，如果是這樣，那麼東海也好，西海也好，都有真理；如果西海的真理很正確，當然就應當聽從西海聖人的告誡。於是，陸九淵的話也很容易引起共鳴，岡本さえ指出，傳教士在說明天主教真理普遍性的時候，常常會引用宋儒陸九淵的這段話[33]。因為他們要使自己的知識、思想和信仰進入異域，他們就得採取古代中國先哲這種真理普遍的觀念，來瓦解傳播中的民族與國家障礙。所以，他們常常借用「東海西海，心同理同」的思想，偷樑換柱地傳達天主教的普世真理觀。龐迪我、熊三拔在《奏疏》中就說，天主教的意義之一是「解戎夏之防」，說「天下大矣，奈何概指為夷蠻戎狄，不式不虔者乎。……所謂戎狄無信，非類異心，未可概加於此方之人也」[34]。孟儒望《炤迷鏡・孟先生天學四鏡序》裏也說，「真教唯一，豈得二之三之百之千之，如異端紛紛者乎？教散百千而儒術獨尊，正以其知天畏天愛人克己，合四海同然之公理耳，佛老之說，取罪上帝，取罪君長，取罪父母，取罪聖賢，幸而其說易窮，不能遍奪乎世之人

32 見《職方外紀校釋》，27頁。

33 見〔日〕岡本さえ：《近世中國の比較思想：異文化との邂逅》，第一章《明末の西學》，11頁，東京，東京大學東洋文化研究所，2000。其中，作者還引了《聖水紀言》中孫學詩的話、《交友論》中1601年馮應京的序等等。又，艾儒略《萬物真原》小引「東海西海之人，異地同天，異文同理，莫能脫於公師之教」；《建福州天主堂碑記》的「夫中國居亞細亞十之一，亞細亞又居天下五之一，東海西海，心同理同，敬天愛人之說，皆踐修之所，不能外也」；《天儒印》的「使諸西先生生中國，猶夫濂洛關閩諸大儒之能翼聖教也，使濂洛關閩諸大儒出西土，猶夫諸西先生之能闡天教也。蓋四海之內同此天，則同此心，亦同此教也」。分別見於《天主教東傳文獻續編》，2頁、976頁、985-986頁，載吳相湘主編《中國史學叢書》第40種，臺北，學生書局，1986。

34 《徐家匯藏書樓明清天主教文獻》，第一冊，89-90頁。

耳」[35]。

因此，充滿了世界主義或者普遍主義的陸九淵這一段話，對於他們來說相當有用。康熙四年（1665），利類思在反駁楊光先的時候，就引用了陸九淵的這段話，強調中國人不必堅持中國自我中心觀念，「但求心理之同，不分東西之異，何所見之不廣也」[36]。因為按照陸九淵的思路，無論東海還是西海，既然是具有同一心理的人類，真理都應當是一樣的。湯若望說，無論哪一種宗教，都應當有同一個天和理，「天主教尊天，儒教亦尊天，天主教窮理，儒教亦窮理」；無論是哪一個民族國家，都應當有一個共同的法，「各國各安，安於各法，萬國各安，安於公法」[37]。既然是這樣，傳統的中華帝國作為天下中心、中國優先於四夷的預設，就被普遍和絕對的真理所取消；在一種新的眼光審視中，「理」既然是最重要的，就沒有必要固執於民族和國家的狹隘立場，而那個包容了「東海西海」平等新知的世界圖像，也就應當為儒家中國接納。

顯然，這種看似來自中國哲人的說法，卻在極其深刻地瓦解著中國觀念世界。如果真的像胡璜所說的，「今天主一教，乃普天下萬國四大洲之人所欽崇公共之正道，豈有東海西海之別乎」[38]，中國的儒家學說甚至佛教道教，將如何立足？如果真的像徐光啟、李之藻、楊廷筠等人說的那樣，西洋關於「天」的新知，是「不必疑、不必揣、不必試、不必改」的真理[39]，那麼，古代中國的宇宙秩序和知識系統將如何自處？

---

35 《徐家匯藏書樓明清天主教文獻》，第二冊，867頁。

36 利類思：《不得已辯》，載《天主教東傳文獻》，332頁，臺北，學生書局，1982。

37 湯若望：《賀文》，《徐家匯藏書樓明清天主教文獻》，第二冊，965-966頁。

38 胡璜：《道學家傳・論拜天主是人本分非奉外國西洋人之教》，載《徐家匯藏書樓明清天主教文獻》，第三冊，1217頁。

39 徐光啟：《幾何原本雜議》，見《幾何原本》卷首，《天學初函》，第四冊，1942頁。

但是，當時熱心西學的人，似乎考慮了知識的普遍適用性，卻沒有考慮知識的地域性。在這樣的反覆引用中，我們可以看到這一觀念的微妙變化，就是陸九淵的這一段話，在明代背景下，其意義重心漸漸從「心」和「理」，即強調真理超越性，轉向了關於「東海西海」，即民族和文化差異的消泯上面。由於西洋人的進入，人們心目中關於「世界」的圖像，逐漸從一個籠統的「天下」轉向了並峙的「萬國」，「東海」和「西海」的差異成為事實；某種文明中的知識、思想與信仰，它是否還是「放之四海皆準」的普遍真理，成了需要論證的問題。正是在這種國家界限和民族區分越來越明晰的時代，堅持普遍主義真理觀。才需要引用古代經典的話語為依據。因為正如我們前面說的，古代中國常常需要「有經典為證」或者是「有聖人為證」。因此，陸九淵的這段話就成了堅持在「萬國」時代仍然相信普遍真理，而這普遍真理可能不在中國而在西洋那裏的人們，經常需要引述的經典話語與聖賢語錄。在某種意義上說，「東海西海，心同理同」這句話承負著儒家本身的天下普遍的知識觀和真理觀。似乎在明代以後，一直到現代，始終支持著中國知識分子對新知的接受，也減輕著受到異域文明衝擊時的心理緊張和文化震撼，使他們能夠平靜地面對知識史和思想史上的大變局。

六　晚清以來：追求「同」與「通」的「勢」

在關於「東海西海，心同理同」這一觀念的歷史中，明清之間還有過一個小小的曲折或者說是插曲。

明清之際的政治與社會巨變，是思想史上的一個曲折。儘管思想史並不因為政治史的變化而變化，但是，關於普遍真理的觀念卻在明清政治變動中，有過一層新的意思，這就是新政權的滿族背景使清朝皇帝很快接過儒家傳統中的普遍主義真理觀念，把它變成自己政權合法性和合理性的依據。因此「東海西海」在這些討論中，不再是清帝國外部的東洋與西洋，而是清帝國內部的不同種族與文化。我們以雍正為例，雍正就批評固執於民族和地區的人說，「舜為東夷之人，文王為西夷之人，曾何損於聖德乎」。他還說講華夷之分的時代，都是分裂的時代，所以「北人詆南為東夷，南人指北為索虜」[40]。在《大義覺迷錄》裏，他更用普遍主義的立場，提出了一個相當有力的看法，就是政權的是否合法與合理，不僅看它是否擁有統一的空間，而且還需要看它是否擁有政治正確、神靈認同；不僅看它的種族出身，而且要看它是否有民眾擁戴。就是政權的合法性是否擁有政治、神靈和文化的合理性，「何得以華夷而有殊視」[41]。他還引用了韓愈《原道》中的話說，「中國而夷狄也，則夷狄之，夷狄而中國也，則中國之」，顯然「中國」一詞在這裏已經是「文明」的代詞，而「文明」則是一種道德正確（correctness of morality），並不是地域空間（space of clime）。這一說法相當有力，它不僅有經典的依據，而且也有歷史的依據，「三代以上之有苗、荊楚、獫狁，即今湖南、湖北、山西之地也，在今日而目為夷狄可乎」，因此，陸九淵「東海西海，心同理同」這句老話，居然常常成為滿清帝國用來平息滿漢之爭的經典理據。

從順治、康熙到雍正，滿清王朝建立近百年之後，人們的空間認同與種族認同，已經由漢族文明為中心的「大明帝國」擴展到了滿、蒙、漢共同體的「大清帝國」。士大夫的關注重點，也從維護種族尊嚴逐漸轉向了建設道德秩序。這個時候，被主流的朱子之學漸漸邊緣化的陸九淵思想，雖然偶而也被歷史記憶喚醒，成為一些人的思想，

---

40 《清世宗憲章皇帝實錄》，卷八十六，九頁B—十頁A，臺北，新文豐出版事業公司。

41 《大義覺迷錄》，卷一，4頁，上海，上海書店出版社，1999。

但是「心同理同」這段話的意義重心，又回到它最初的位置，只是在強調著「心」與「理」的籠罩性和超越性，而這意思卻並非陸九淵的專利，因為當時作為主流學說的朱學也同樣強調這種「理」的超越意義[42]，引用陸九淵這段話的人，似乎也漸漸少了許多。

但是，十九世紀後期，當異域的新知再度捲土重來，並且挾「堅船利炮」使中國人不得不從「道」或「體」的層面上接受它們的時候，「東海西海，心同理同」這段話便再次被人們回憶起來，並被用於對異域文明或新知的解釋上面。舉兩個例子。清道光二十八年（1848），對西洋文化和宗教有同情之心的黃恩彤，在奏疏中就辯護說，「蓋東海西海，南海北海，此人同，此心、此理、此性無不同也，此性同，則率性之道亦必同……」[43]而近代一個著名的人物王韜在上海墨海書局和西洋人偉烈亞力（A. wyile）一起譯《西國天學源流》，看到西洋天文學與古代中國天學的衝突，他又一次說到這句老話「東海西海，心同理同」，為西洋知識的合法性進行申訴[44]。在這時的人心目中，「東海西海，心同理同」的意義重心開始移向「同」，似乎人們真的相信，世界上確實存在一個「放之四海皆準」的真理與價值，富強、進步、現代，也可以說是堅船利炮、科學民主、現代社會，都是這個普遍的真理與價值的表述。

為了強調這種真理的優先與超越意味，人們又開始凸顯「心」或「理」的籠罩性和普遍性，而這種籠罩性和普遍性，是建立在各個文明的同一性上面的。在他們看來，只要是人，是擁有一樣價值、道

---

42 在清代很長一段時間裏，「心同理同」說的不是中國內部的族群的不分漢滿，唯道是從，就是中國思想世界內部的消泯門戶、追求正確。

43 《徐家匯藏書樓明清天主教文獻》，第五冊，2124頁。據臺灣大學古偉瀛教授說，這一文件可能不太可靠，姑識於此。

44 參看席澤宗：《王韜與自然科學》，《香港大學中文系集刊》，1987年第一卷二期。

德、倫理的人，無論古今東西，都會有同一的價值觀念、同一的道德認知，而人類的認同基礎就在這裏，所以說「咸有一德，乃可共事」。像康有為的《大同書》，說來說去，就是要解釋人類社會共同的法則，所以才說「合國合種合教一統地球」。據說他在萬木草堂的時候就寫《公理通》，後來寫《實理公法全書》，就是想以同一個「實理」「公法」，來「比例」或「同一」東西方的社會觀念制度和秩序[45]。和這一說法相輔相成的是「通天下一理」，像譚嗣同《仁學》的重要概念就是「通」，《仁學界說》中第一條是「仁以『通』為第一義」，第三條是「通之義，以『道通為一，為最渾括」[46]。這個想法在他的朋友孫寶瑄那裏也一樣，1897年2月，孫氏在自己的日記裏說，現在這個時代的學問，應當「無所謂中學也，西學也，新學也，舊學也，今學也，古學也」，應該「貫古今，化新舊，渾然於中西，是之謂通學，通則無不通矣」[47]。而梁啟超《新民說》裏面，三次提起康德學說，並與王陽明學說相比，說他們互相「同」或者「通」，因為他們都「以良知為本體，以慎獨為致之之功……所謂東海西海有聖人，此心同，此理同」[48]。

---

45 他在《禮運注》裏面說，「大道者何？人理至公，太平世大同之學。表面上來看，是公羊學的路數，實際上呢？也有陸九淵「東海西海，心同理同」的痕跡。參看房德鄰：《儒學的危機與嬗變——康有為與近代儒學》，第四章，219-251頁，臺北，文津出版社，1992。

46 蔡尚思、方行編：《譚嗣同全集（增訂本）》，291-293。

47 見《忘山廬日記》，80頁，上海，上海古籍出版社，1983。

48 見《新民說》，47頁、131頁、139頁、142頁，臺北，中華書局，1980。又，這種試圖證明東西思想學術「同」或者「通」的人很多，例如朱祖榮，在《致汪康年》中說，「凡咫聞尺見之士，尚人人有用？變夏之說，橫亙胸中而未化，不知西人之事，與我中國古制多有暗合者，自非生此時者為之大聲疾呼，不足以發聾振聵，祖榮擬撰《中西學通考》一書以解天下之惑……」見《汪康年師友書禮》，第一冊，222頁，上海，上海古籍出版社，1986。

表面上看，觀念彷彿鐘擺一樣，陸九淵的這一段話的重心，又似乎擺回到原來的時代的位置。不過，要注意的是這個時候與明代卻不一樣，它的重心既不是「心」和「理」，也不是「東海西海」，而是「同」或者是「通」。如果說，明代只是借了這段話，給自信的中國人順利地學習西洋知識提供理由，那麼，此時的人用這段話的時候，卻少了很多底氣，更像是給中國人擁抱西方找一個自我寬慰的藉口，所以，他們強調真理的「同」或者「通」。因為這個時候人們強調「東海西海，心同理同」，這裏的「心」是西海聖人的「心」，「理」是西方世界的「理」，而「東海」成了陪襯，要強調的重心只是「西海」。儘管開始的時候，他們還總是希望這種共同的「心」共同的「理」，雖然也要接納西洋的知識思想，但根本上最好還是東海聖人的出產。像稍早的陳熾《庸書・聖道》還說，「夫聖人之心，天心也，聖人之道，天道也，……宜及此時，上下同心，修明學校，博採泰西製器尚象之理，強兵富國之原，……則我黃帝之子孫，孔門之弟子，將方行於四海，充塞於兩間，成古今大一統之閎規，創億萬斯年同文同軌同倫之盛業也」[49]，但是，正如他自己看到的那樣，「夫理之所在，以勢為衡」[50]。這話說得很徹底，處於強勢的西洋「理」挾著「勢」已經成了公理，於是不合公理的中國之「理」與「心」，卻成了相形之下不夠「聖人」資格的東西，因此所謂「同此心，同此理」，卻是先泯滅了自家的心和理，去「同」或者「通」西洋的心和理，東海聖人像康有為之類沒有占據真理制高點，所以中國人只好去聽西海聖人的教誨。

這個時候，「同」或者「通」成了重心所在，而「同」與「通」

49 見《陳熾集》，142頁，北京，中華書局，1997。以下引《陳熾集》均同此本。

50 陳熾：《庸書・公法》，《陳熾集》，112頁。

的延伸，則把西學當成了中國必須接受的共同知識和普遍真理。譚嗣同在《報貝元徵》中就諷刺那些認為固守「中國聖人之道」的人，他說，「道非聖人所獨有也，尤非中國所私有也，惟聖人能盡之於器，以歸諸聖人，猶之可也，彼外洋莫不有之，以私諸中國，則大不可」。他質問這種見解，「一若聖人之道僅足行於中國，尊聖人乎，小聖人也……聖人之道，果為盡性至命，貫徹天人，直可彌綸罔外，放之四海皆準」[51]。這時，譚氏所說的「公理」，實際上已經超越聖人和經典之上，「理」與「聖人」已經分開，這時的「道」「理」，也已經與「中國」分開。特別是1895年的巨變，以及「物競天擇，適者生存」的天演論，使得中國人有一種追求普遍而有效的知識與真理的急迫感，整個情勢就像嚴復所說，為了生存，只有轉向西學，「生今日者，乃轉而西學，得識古之用焉，此可以為知者道，難與不知者言也」。為什麼？因為現代西洋的知識思想，近兩百年來「遠邁古初，其所得以為名理公例者，在在見極，不可復搖」[52]，它的道理放之四海皆準，「其所驗也貴多，故博大，其收效也必恒，故悠久，其究極也，必道通為一，左右逢源，故高明」[53]。

51 蔡尚忠、方行編：《譚嗣同全集（增訂本）》，197-200頁。

52 但是，為了使人接受這種知識新思想，承認它為「名理公例」，嚴復也只好把《周易》搬出來，說西洋知識以名、數、質、力四學為「最為切實，而執其例可以御蕃變」，但是這也和《易》的「名數以為經，質力以為緯」是一樣的。所以，吳展良在《嚴復〈天演論〉作意與內涵新詮》中指出「現代西方學術與中國古代經典，是嚴復心中的兩大寶藏，對他而言，新學與舊學不但不矛盾，反而可以藉著新學磨礪彰顯出古書中隱而未明的真理」，見吳展良著：《中國現代學人的學術性格與思維方式論集》，77頁，台北，五南圖書出版公司，2000。

53 嚴復：《救亡決論》，《嚴復集》，45-46頁，北京，中華書局，1984。

七　結語：「東海西海，心同理同」是全面接受西方嗎

於是，我們再回頭看本文開頭所提到的譚嗣同和蔣夢麟的話。譚嗣同說，「何謂公理？放之東海而準，放之西海而準，放之南海而準，放之北海而準。東海有聖人，西海有聖人，此心同此理同也。猶萬國公法，不知創於何人，而萬國遵而守之」，但是很清楚，在那個時代，「公法」已是西人創制的國際準則，「公理」已是西人的真理。蔣夢麟說，「如果中、西賢哲都持同一見解，那麼照著做自然就不會錯了」，可是，這個時候的「同一見解」，卻往往不是中國人的見解，而是西人的見解。那麼，中國的制度和思想如何自處呢？在想起這一話題的時候，陳獨秀說了一段話：「學術為吾人類公有之利器，無古今中外之別，此學術之要旨也。」[54]雖然說學術沒有古今中外之別，但是事實上，一切都已經向西轉了。後來的中國歷史證明，「東海西海，心同理同」的「同」，在這個時候就只是一種不得不向西方認同的遁詞，或者是緩解文化衝擊時心理震撼的緩衝，因為從那時起，整個二十世紀，就只是東海認同西海，而不是西海認同東海了。

54 見《隨感錄・學術與國粹》，《獨秀文存》，545頁，合肥，安徽人民出版社，1987。

歷史、思想史、一般思想史
——以唐代為例討論禪思想史研究中的一些問題

在漢語學術界中，近年來出版的禪史研究著作已經相當多，不算較早的胡適和印順，也不算八十年代以前零零星星的研究和翻譯，從八十年代到九十年代，在大陸，僅成專書者，就有十幾種。在葛兆光的《禪宗與中國文化》（1986）之後，就有洪修平《禪宗思想的形成與發展》（1991）、潘桂明《中國禪宗思想歷程》（1992）、杜繼文和魏道儒的《中國禪宗通史》（1993）、葛兆光《中國禪思想史》（1995）、麻天祥《中國禪宗思想發展史》（1997）、楊曾文《唐五代禪宗史》（1999）等等。這一領域不像其他熱門那樣潮漲潮落，變化無常，相反，學術界至今還一直維持著對禪宗的研究熱情，甚至進人2000年以後，還有類似的著作在出版，就連海峽對岸，也出版了蔡日新的《中國禪宗的形成》（2000）和劉思果《禪宗思想史概說》（2001）。不僅研究著作多，在禪宗資料的整理和出版上，也已經相當有成績，像敦煌禪籍校錄、《禪宗全書》、新校各種《壇經》和《神會語錄》以及禪宗詞典等等，都使得禪宗研究變得越來越方便。可是，我卻感到，在出版和發表上雖然熱鬧，但在研究水準上似乎進展並不大。大多數這類著作，想法雷同，問題仍多，彷彿舊結症沒有消腫，新毛病卻又出現。

這不是在指責別人，而是在反省自己。我在1993年寫畢，1995年出版了《中國禪思想史——從6世紀到9世紀》以後，很長時間沒有再寫關於禪思想史的文章。原因之一固然是研究重心轉向兩卷本的《中國思想史》的寫作，但是另外還有一個原因，就是因為禪思想史的研究，似乎遇到一些困惑。比如，究竟如何理解禪思想，如何解釋禪？特別是，在禪思想史的寫作中，如何超越傳統的歷史脈絡？如果我們希望不僅要超越燈錄的記載，而且要超越現代人寫作的禪史，那麼，如何能夠推陳出新，不再因為系統的寫作而重複？因此，如何以問題為導向，梳理禪思想史中的未得解決的關節，重新描述禪思想的歷史，就成了繼續寫下去的難題。

坦率地說，至今我自己也沒有完全想清楚，究竟如何才能夠克服這些難題。下面寫出來的，只是一些思考中想到的問題。

一　歷史：關於禪宗史的重新清理

過去，顧頡剛曾經提出古史是層層積累的偽史，要去偽存真，需要辨偽。所謂「古史辨派」就是這樣，揭發很多作偽的歷史文獻，使真實的歷史在剝開的痕跡中呈現出來[1]。但是，這一做法的缺點，是把所謂的偽史料的「偽」看得太重，以至於這些偽史料只能棄之冷宮。後來，陳寅恪進一步指出，偽史料中有真歷史。他的意思主要是說，如果能夠考證出有意作偽的文獻的時代與作者，就可以把可疑的「偽書」變成真正的「史料」[2]。這當然是正確的，但是按照福科關於「知識考古學」（The Archaeology of Knowledge）的設想[3]，我們還可以把這些「層層積累」的偽史的作偽過程一一清理出來，這樣可以

1　參看顧頡剛：《古史辨》，第一冊，52頁、138頁、187頁，上海，上海古籍出版社，1982。

2　陳寅恪：《梁譯大乘起信論偽智愷序中之真史料》，《金明館叢稿二編》，上海，上海古籍出版社，1980。

3　參看〔法〕福科：《知識的考掘》，王德成中文譯本，臺北，麥田出版，1993，1997；《知の考古學》，中村雄二郎日文譯本，東京，河出書房，1981，1994。

看到在整個「作偽」的過程中，權力、觀念和歷史表述，是怎樣互相糾纏在一起，並且使本來的歷史一點一點變異，成為後來的歷史敘述，並越來越適應後來人的意圖的。

以禪宗的傳燈譜系為例。我們知道，傳統的燈錄是按照派系的線索來書寫的，它的好處是脈絡清楚，而且可以在系譜確定之後，不斷地在裏面添加資料，不僅可以有僧必錄，而且容易給歷史留下一個較為整體的面貌。但是，它的缺點是常常按照身前身後的顯赫、弟子的地位和弟子們的記錄來追憶並且重建當時的情況，於是，不免有放大和縮小的嫌疑，也有「師因徒顯」的毛病。比如，在傳統的燈錄系統中，百丈懷海是馬祖道一門下和西堂智藏並稱的「二大士」或「三大士」的傑出人物之一，但我在《中國禪思想史》中就已經提出，從《景德傳燈錄》以後，百丈懷海在馬祖門下地位的越來越凸顯，其實是歷史記錄者從後來的追憶中，不斷添油加醋的結果[4]。比如「野鴨子」一則語錄，據較早的《祖堂集》卷十五《五泄和尚》的記載，本來是屬於百丈惟政的，可是後來在《五燈會元》卷三、《古尊宿語錄》卷一、《碧巖錄》卷六第五十三則中，卻變成了百丈懷海最重要的開悟對話，並且禪宗史家也對這一則公案有了很多解釋和發揮。其實，在馬祖門下重要弟子中，百丈懷海並不算是特別重要的一個，所以在最接近當時禪門的權德輿《唐故洪州開元寺石門道一禪師塔銘》中，開列了馬祖門下當時最重要的十一個大弟子，但這名單裏就沒有他的地位，連後來給百丈懷海寫碑文的陳詡在面對這一歷史事實時，都只好特意解嘲說，這是因為百丈「居常自卑，善不近名，故先師碑文獨晦其稱號」[5]。可是，到後來他卻成了馬祖一系中最重要的傳

---

4 葛兆光：《中國禪思想史——從6世紀到9世紀》，第五章，303頁，北京，北京大學出版社，1995。以下引《中國禪思想史——從6世紀到9世紀》均同此本。

5 董誥等：《全唐文》，卷四四六《唐洪州百丈山故懷海禪師塔銘》。

人，這顯然是一個「後設」的結果。到了現在的各種禪史，為了突出所謂「農禪」的意義，更把「一日不作，一日不食」的百丈懷海看成是禪門得以光大的關鍵樞軸，卻完全忽略了懷海在激進的洪州禪門中的相對保守態度。從懷海地位在中唐時代普通信仰者中的名聲不顯，到他的地位在燈錄裏的漸漸彰顯，從「農禪」在當時作為百丈懷海個人風格和個人行為，到後來被認為是禪宗興盛的關鍵，這段歷史如果經過「考古」式的發掘，這裏面是否會有新的歷史痕跡被揭開？也許這是我的個人偏見或有意立異，但是至今各種禪史卻不曾考慮過這一歷史的可能性，只管沿著傳統的記載慣性下滑[6]。

不止是個人地位，各個門派的歷史傳承系譜，也一樣可疑。由於所有的禪師都有師承派系的立場，所以常常出主入奴，凸顯自己的家數而隱沒另外的派別，把本門的歷史寫得格外輝煌，甚至把本屬其他門派的禪者也納入自己的系統裏，給自己充門面；或者有意旁生枝節，將自己的出身另換門庭，攀有名的祖先，就像現在的各種新修家譜和族譜。比如後來因為有了強勢傳人而試圖自成一系的石頭系，就有這樣「造出來」的嫌疑。杜繼文和魏道儒《中國禪宗通史》曾經提出，青原行思在中唐史料中根本沒有，到了《祖堂集》裏才出現，他們質疑說，這可能是後人的自我表彰[7]。洪修平的《禪宗思想的形成與發展》也看出這一點，說到「南嶽懷讓和青原行思實際上是因馬祖與希遷而知名的」，更指出青原行思和石頭希遷在當時並不是一派，

---

6 與百丈懷海相反的例子是章敬懷暉，在《祖堂集》卷十四還有不少記載他在長安晉見唐憲宗的文字，這是馬祖禪在中唐大勝的關鍵，但到了《景德傳燈錄》卷七，卻只剩下短短兩句，而到了《五燈會元》卷三，竟然一句也沒有了，而到《古尊宿語錄》，連懷暉的名字也不見了。參看葛兆光：《中國禪思想史——從6世紀到9世紀》，第五章，305頁。

7 杜繼文、魏道儒：《中國禪宗通史》，第四章《諸家競起和它們的分布（中唐之二）》，274-275頁，南京，江蘇古籍出版社，1993。

成為一派「是比較晚出的」[8]，這是很對的。不過，他們儘管已經看出嫌疑，而且注意到天皇道悟、藥山惟儼等人的出身問題，但是，他們還是遵循舊說，像杜、魏的著作就單列了第四節《關於石頭宗系及其禪風的考察》。其實，如果仔細去看的話，不止是石頭一系晚出，連關鍵的丹霞天然、藥山惟儼和天皇道悟，其身份和系譜都是有問題的。如果我們不去理會已經羼入了派系偏見的燈錄，而直接從時間最接近當時人的記錄（如碑銘），從沒有禪門派系關係的資料（如僧傳），重新來看他們的出身和歸宿，那麼，丹霞天然、天皇道悟、藥山惟儼都可能是從當時最興盛的馬祖那裏出來的，只是到了後來，才由於石頭系的崛起，在重新續家譜的時候改祖歸宗的[9]。如果是這樣，後來的五家即溈仰、雲門、法眼、臨濟、曹洞，恐怕來歷也不那麼清楚，這正如胡適在給柳田聖山的信裏說的，中唐和晚唐有很多偽書和假歷史，都成了《景德傳燈錄》的原始材料。因為在大曆到元和年間，也就是禪宗南宗一支最要緊的時代，有很多「攀龍附鳳」的運動[10]。這樣一來，禪史就被層層地皴染過了，要想看到底色，只有作知識考古學的系譜研究，考察那些看上去很清楚、很條理的歷史，是否恰恰是一點一點描畫和塗抹出來的。有時候，歷史常常是捨棄了很多後人以為不重要的史料以後才形成的，但是重要不重要，卻是以後來的眼光和思路來取捨的。後來的歷史雖然有條理，卻並不一定真實，正如陳寅恪在給馮友蘭《中國哲學史》寫審查報告的時候說的，「其言論愈有條理統系，則去古人學說之真相愈遠」[11]。當我們用福

8 參見《禪宗思想的形成與發展》，高雄，佛光出版社，1991。

9 參看葛兆光：《中國禪思想史——從6世紀到9世紀》，第五章第一節《中唐南宗禪史實考辯》，之一《燈史馬祖、石頭兩系分派之辯證》，295-302頁。

10 柳田聖山：《胡適禪學案》，617頁、630頁，臺北，正中局，1975。

11 馮友蘭：《中國哲學史》，下冊後附。

科的知識考古學方法一一梳理的時候，我們可以把這一點點皴染的顏色逐層地清理出來，看一看這一層層的顏色，為什麼要這樣染上去。因此，我想問的是，歷史是否能夠從另一側來重新考察，我們可否繞過用習慣了的燈錄來考察禪宗在當時的實況？似乎這是可能的，畢竟唐代歷史文獻的留存並不算太少，新發現的碑刻也夠多，特別是敦煌文獻，又為重新構擬禪史添加了可能。可是現在的各種禪史著作，仍然在原來「層層積累」的燈錄基礎上繼續皴染和書寫，似乎不得不說這是令人遺憾的事情[12]。

更加值得注意的是，就連「禪宗」這個詞所涵蓋的內容，也實在大有可疑。當種種禪宗的燈錄把自己家門師承清理出來的時候，它已經開始清理門戶。其實，早期的「禪門」並不只是後來歷史記錄中的那麼狹窄。如果我們用唐代資料說唐代歷史，那麼可以看到，在八世紀上半葉以前，傳統意義上的「禪師」只是與義解法師、持戒律師鼎足而立的身份稱呼，教授禪學也只是與戒學、慧學鼎足相對的一支，而禪法只是佛教各種修行法門中的一種息念靜心方法，以《楞伽》為經典的東山禪門，在當時更只是禪師中比較引人注目的一支而已。隨著世俗文化人中的佛教信仰者對於理論興趣的衰退，經過北宗禪神秀（？-706）、普寂（651-739）、義福（658-736）和南宗禪惠能（638-713）、神會（684-758）、本淨（667-761）、慧忠（？-775）等人數十年間的出色活動，「禪師」才在八世紀中葉，漸漸超越法師與律師，

---

12 比如最近的幾種書，吳立民主編《禪宗宗派源流》第四章《南宗分燈》，仍然是依照舊說，在南宗下並列菏澤、馬祖和石頭三系；楊曾文《唐五代禪宗史》相當用功，但在第五章第三節《南宗祥的早期傳播》中，也還是並列著南嶽懷讓到馬祖道一和青原行忠到石頭希遷兩系，然後再以曹洞、雲門和法眼歸行思門下，把臨濟、溈仰歸懷讓門下，在第七節分別設置了《馬祖與洪州宗》《石頭希遷及其禪法》兩節。至於最近的兩本，即蔡日新的《中國禪宗的形成》和劉果宗《禪宗思想史概說》，更是對傳燈錄的舊說以及當代著作的說法陳陳相因，沒有任何資料上的警惕。

禪法也漸漸成為信仰者的興趣中心，而禪也漸漸成了一種相容了理論與實踐的龐大體系，我們現在所謂的「禪宗」才成了禪門的主流。可是，我們研究禪史的人，常常把後來的禪師們自己畫地為牢或者用來以鄰為壑的那個邊界，套在了自己的研究中，成了局限自己視野的觀念框架。冉雲華曾經在他的著作中指出，「多年以來，禪宗歷史所根據的是《傳燈錄》之類的宗派文獻，都是十世紀以後編纂的，它們所記的早期禪史，資料不足而且還有宗派成見」。他發現，不屬於禪門的《高僧傳》《續高僧傳》的「習禪篇」所記載的禪史，就是「多為傳燈錄一系的歷史所掩蓋」的東西。[13]而敦煌本《導凡趣聖心訣》和《傳法寶紀》的發現，則讓人們看出，後來禪史省去的北宗法如的那一環節，是由於後來爭七祖的排序需要[14]。如果我們重新看唐代人眼中的「禪」，我們可能會發現，在後世的禪籍燈錄中，那個時代的佛教史已經被描述為禪宗史，而禪宗史又被縮寫為南宗禪的傳燈史了；即使在近代以來的佛教史著作中，那個時代也被這一支禪師占去了太多的篇幅。但是，這也許是有問題的，如果我們看韋處厚在九世紀初撰寫的《興福寺內道場供奉大德大義禪師碑銘》中對禪宗當時的狀況的描述[15]，看差不多同時的白居易在《傳法堂碑》中所引興善惟寬敘述禪宗大家庭的歷史的話，再把這些說法與八世紀李華為玄朗所寫《故左溪大師碑》中歷數禪門祖繫時提到北宗、南宗、牛頭、天台，

13 分見冉雲華：《中國禪學研究論集》，2頁、164-165頁，臺北，東初出版社，1990。以下引《中國禪學研究論集》均同此本。

14 分見冉雲華：《中國禪學研究論集》，2頁、164-165頁，臺北，東初出版社，1990。以下引《中國禪學研究論集》均同此本。

15 他說，在五祖弘忍之後，禪宗「脈散絲分，或遁秦，或居洛，或之吳，或在楚。在秦曰秀，以方便顯，普寂其允也；洛者曰會，得總持之印，獨耀玄珠……吳者曰融，以牛頭聞，徑山其裔也；楚者曰道一，以大乘攝……」見董誥等：《全唐文》，卷七一五，3258頁。

九世紀時裴休為宗密所寫的《禪源諸詮集》序文中歷數眾家思想時所說的「菏澤直指知見，江西一切皆真，天台專依三觀，牛頭無有一法」等等，互相加以參照[16]，就可以明白，八世紀後半期以來，在當時相當多人的心目中，所謂禪門，應當大體包括五大系[17]，即北宗、菏澤、牛頭、天台和洪州，而所謂「禪師」，就是除了「法師」和「律師」之外，專門以習禪為修行中心的佛教徒。因此，與其用後來禪宗自己重新清理過的禪史敘述來限定「禪」之脈絡和系統，把天台一系也開除出門，還不如用唐代人自己習慣的「法師」「律師」「禪師」這種當時的稱呼來理解當時的佛教一門分派；與其用燈錄一類懷有某些意圖的禪宗後人的記錄來書寫禪宗史，還不如像冉雲華所說的那樣，用非禪門的人寫的《宋高僧傳》來重新看待禪史。這樣，也許就不會誤解那個與神會在滑臺對話的人的身份了[18]。

這並不是要顛覆原來的禪宗歷史，而是希望對禪史有一個新的敘述，這個敘述一方面通過較早期的歷史文獻和較無干係的歷史記載，可以接近禪史當時的實存狀況和當時的普遍觀感，另一方面也可以提供一個「在後來的禪史敘述還沒有形成之前」的禪史敘述。如果用它作為底色和基礎，並用福科式的考古學方法，也許可以看到在它之後的各種燈錄之後的各種研究中，究竟禪史被增添了多少新的顏色，又羼入了多少一代代人的觀念和心情。

---

16 李華：《故左溪大師碑》，《文苑英華》，卷八六一；裴休：《禪源諸詮集序》，《大正藏》，卷四十八，398頁。

17 參見葛兆光：《中國禪思想史——從6世紀到9世紀》，第五章，308-314頁。

18 通常人們會把在滑臺大會上與神會辯論的人當作北宗禪師。並且把神會的那一次勝利看成是南宗對北宗的勝利。其實，與神會在滑臺辯論的人是法師，並非禪師。按照唐代的習慣，稱法師的多是擅長譯經者或講經釋論者，並不是禪門的人，也就是說，屬於《高僧傳》對佛教徒分類中的前兩類僧侶。所以有人懷疑這次辯論大會是一次事先安排好的演戲，有一定道理。

二 思想史：如何重新理解禪思想的意義

關於禪思想的分析，在如今的禪宗史或禪思想史著作中，常常是哲學式的。那種把禪思想本質化、哲學化的趨向，可能會得到超越時代和超越生活的道理，也可能成為精英們創造自己哲學思想的資源，但是，它常常使禪思想變得像離開水的魚的標本，儘管永恆卻無生命。對於鈴木大拙和西田幾多郎等人，我相信有很多東方意識在支持他們的理解和解釋，但是，我始終以為，在他們充滿了現代性話語的哲學思考中，禪思想常常只是他們哲學思考的材料。其實，在胡適和鈴木大拙關於禪理解的爭論中，並不存在著對錯的問題，只是禪思想研究的歷史與哲學兩種學科立場和思考習慣的差異。而在這一方面。我本人是習慣於胡適這一歷史學傳統的，也就是說，我是傾向於對禪宗和禪思想進行歷史學與文獻學研究的。

從思想史的角度看，由於禪思想在當時絕不是一種懸浮在歷史時空之上的超越哲學，所以，如果不把禪思想放置在當時社會生活和思想環境中，是無法理解禪思想在中國思想史中的意義的。眾所週知，思想史近來有和社會生活史靠攏的趨勢，之所以有這種趨向，是因為那些精英和經典的思想，只有在社會生活中發生作用，才真正地成為人們思考和行動的資源。而它要在社會生活中發生作用，就必須回應社會生活提出的問題。正如史華茲（Benjamin I. Schwartz）所說的那樣，思想史處理的問題，主要是人們如何對他所生活的環境進行有意識的回應，以及這種回應是否在不同的時代有不同的變化[19]。如果我們理解「回應」（response）一詞本身就包含著「社會生活的背景」和

---

19 見《古代中國思想世界》(The World of Thought in Ancient China), Preface, P.4, The Belknep Press of Harvard University Press, Cambridge, Massachusetts, and London, 1985。

「對社會生活背景的回答」兩方面含義，那麼，我們應當承認漢語中的一句老話「一隻巴掌拍不響」，禪思想本身只是思想史的一方面。而另一方面需要考察的，則是迫使禪思想只能這樣回應而不能那樣回應的社會生活環境。

那麼，禪思想發展的歷程中，最相關的歷史背景和生活環境是什麼？這裏舉一個例子，為什麼盛唐以後惠能系統的南宗禪禪師開始崛起，代替講義理的法師成了精英階層的佛教指導者？從胡適以來，特別注意到的一個歷史事實是，神會以「香水錢」爭取到了官方的支持，於是南宗禪得以一枝獨秀。可是，這個解釋並不能說明問題，因為，神會並不是唯一以「香水錢」為政府提供軍餉的佛教徒，神會之後也不是只有南宗，更不是荷澤宗一枝獨秀。同時，這一解釋也不能說明為什麼傳統的義學法師會漸漸失勢。其實，這裏面還有一個很簡單的歷史背景。我們知道，盛唐以前，很多必須依賴大寺廟支持和大群體合作才能維持的佛教傳統，如譯場譯經、經典注疏、義學討論等等，其實是很貴族化的，不僅要有很多基本的知識和概念，還要有相當深的思辨能力。可是這種佛學風氣在安史之亂後受到挫折，很多大寺廟被摧毀，即使沒有被摧毀的寺院，也不再能維持大規模而無功利的譯經、注疏和純粹知識主義的誦習、討論，於是，背靠大寺院豐厚經濟的支持和社會尊崇知識的環境才能維持的佛學知識共同體被瓦解，法師所擅長的翻譯、注釋和辯論已經不再能持續下去，這才使得佛教風氣有了一個大轉變。我在《理論興趣的喪失》一文中，曾經討論過這種現象，[20]並且說明這一變化使得中唐的時候，律師和禪師漸漸超越法師而比較有影響了。特別是九世紀初章敬懷暉等人進入宮廷，使話語與權力結合起來，禪宗，特別是洪州一系才開始崛起在歷

20 載《世界宗教研究》，2001年第1期。又，《中國思想史》，第二卷。

史視野中。由於這以後它越來越多地被許多精英文獻所記載，使得後人誤以為禪宗早已經成了佛教的主流。

再舉一個例子。為什麼中唐到晚唐，禪宗越來越興盛呢？很多禪思想史的著作注意到武宗滅佛的背景。比如由於武宗滅佛運動，那些不依賴寺廟供養、不專住一寺的禪師能夠比其他佛教流派更容易生存，因此百丈懷海那種農禪的意義就被凸顯了。其實，這並不很可靠，正如我在前面說的，百丈當時地位的重要性是可疑的，即使不論這一點，情況也不一定是這樣。確實，武宗滅佛使很多佛教僧侶遭到毀滅性的打擊，很多佛教徒甚至包括相當著名的高僧都紛紛逃竄，或者被迫還俗，或者隱匿權門，或者遠走深山。但是這並不是說佛教由此就轉向了平民化，更沒有從此遠離城市而進入農村。恰恰相反，當時留下來的佛教徒中，卻有很多是依賴豪門大戶的庇祐，像杭州大慈山寰中（780-862）是躲在「戴氏別墅」，洛京廣愛寺從諫（？-866）是藏身在「皇甫氏之溫泉別業」，徑山洪湮，則躲在長沙信仰者羅晏家中。《宋高僧傳》中所謂「例從俗服，寧弛道情，龍蛇伏蟄而待時，玉石同焚而莫救」，大概是這些僧人的共同方法[21]。而在武宗短暫的滅佛後，很快重新崛起的，恰恰是這一批依託於精英士大夫的禪宗僧侶。正是因為這一原因，我們應當承認，到晚唐五代的時候，禪宗並不是越來越平民化和世俗化，而是越來越貴族化和精英化了。只有在這種歷史環境中，才可以理解禪宗在那個時代的轉型。我總覺得從盛唐到晚唐五代，從禪門到五宗時期，使禪門逐漸從不立文字的純粹體驗轉向依賴文字的參究話頭公案，恰恰有禪宗逐漸脫離普通民眾而轉向精英階層的問題。道理很簡單，只有精英階層才會對那種精緻而

---

21 參看《宋高僧傳》，卷十二，273頁、274頁、278頁、284頁；又，卷十七，428頁、430頁，北京，中華書局，1987。以下引《宋高僧傳》均同此本。

機巧的語言產生興趣，也只有受過一定教育並且擁有文學修養的文化人才會理解和應對那些充滿玄機的語言。

我是在這種歷史背景下來理解禪思想史的。如果我們可以更深入地研究禪思想史的背景，我覺得，可能禪思想史相當有價值的研究焦點，應當在明清的淨禪合流、清末禪宗復興的失敗中，而不一定要把禪思想史的注意力都放在禪宗很盛的唐宋時期。因為思想史要對一種思想學說的產生環境，它對環境的特殊回應思路，它對社會生活的實際介入進行探究，而不僅僅是在追蹤這種思想學說的盛衰，更不是按照這種思想學說的盛衰時代來分配自己的筆墨篇幅。

三　一般思想史：換一個角度尋找問題

在拙著《中國禪思想史》出版以後，陸續看到一些評論，有一些意見使我獲益匪淺。其中，羅厚立的評論中所提的一個設想極富啟發性，他說到，如果換一個角度考察，從提問者的角度來討論禪宗思想，是否會有一些新的結論呢[22]？也就是說，我們通常都是以禪師回答提問者的話語來作思想史的資料的，比如，人問「如何是佛法大意」，我們通常不會去關心這種可能反覆出現過無數次的問題，卻總會關注下面禪師如何回答，比如說「十年賣炭漢，不識秤畔星」「仰面看波斯，面南看北斗」等等充滿奇思妙想的回答，因為這種異乎尋常的說法，讓思想史研究者覺得可以解釋出新穎而變化的思想。

其實，那種重複多次的提問套數，恰恰是值得追究的東西。近年來，我不斷重複一個觀念，即應當注意一般知識、思想和信仰的研究，因為傳統的思想史總是注意超常的思想。超常的思想是天才的想

22 羅厚立：《文無定法與文成法立》，載《讀書》，1997年第4期。

法，是遠遠超出社會平均知識和思想水準的，當然應當是思想史關心的領域。但是，也應當注意，這種思想並不在當時的生活世界有多大影響，畢竟那是少數思想史中的天才的想法，倒是那些看來平庸的思想，卻因為它反覆出現，證明了其作為常識的價值。這就像常用藥雖然普通，卻遠遠比極罕見的抗癌新藥更多在生活中被人們反覆使用一樣。如果我們從傳燈錄之類的資料中，大體歸納信仰者對禪師所提的問題，我們就可以從這些問話中看到，禪宗信仰者大多並不特別去關心那些超越邏輯、超越語言的玄妙，也並不是都關心回歸自然生活。被後來的禪宗研究者發掘的那些特別的意義與價值，可能只是少數具有高度修養的信仰者和禪師的追求，甚至可能是後來研究者對禪宗哲理的歸納和提升，而在當時普遍的生活世界中，人們關心的常常是佛教最普通最一般的問題，就是佛教為何從印度傳來，它究竟要為信仰者解決什麼問題。例如，在禪問答中相當多的提問之一，是「如何是西來意」或「如何是祖師西來意」，僅在《景德傳燈錄》中就出現近120次，龍牙居遁在回答這一問時曾經說，「這一問最苦」，而報慈卻說，「這一問最好」，從這一「苦」一「好」中可以看出它的價值與意義。在這一問中，我們可以看到，普通信仰者們關心的並不是特別的禪門真理，而只是在向禪師，也向自己追問禪宗信仰的合理性，因為祖師西來究竟是為什麼，這一問題中本身包含的就是禪信仰的基礎。同時，我們還可以發現，這一則被後來南宗禪使用相當頻繁的提問，其實是牛頭宗的鶴林玄素和通常被視為北宗的慧安國師先使用的[23]。那麼，我們如何理解他們與南宗之間的傳續轉折關係？而另一個常見的問題之一，是「如何是佛法大意」和「如何是道」，前後兩問在《景德傳燈錄》中加起來也出現近百次之多，而這一問題被普遍提

23 以上見《景德傳燈錄》，卷十七、卷四。

出，似乎也可以看到信仰者對入門知識的追求，遠大於對深奧真理的體悟。其實，在精通禪宗思想的人那裏，「佛法」與「道」有時是對立的。傳說六祖惠能與人曾有這樣一段對話，「有人問：黃梅意旨何人得？師云：會佛法者得。僧曰：和尚還得也無？師云：我不得。僧曰：和尚為什麼不得？師云：我不會佛法」[24]。這一段可能是由後來禪者想像的祖師語錄，構築了「佛法」和「道」、經典義理與內心覺悟的對立，後來《祖堂集》卷十六《南泉普願》就說，「五祖大師下有五百九十九人，盡會佛法，唯有盧行者一人不會佛法，他只會道，直至諸佛出世來，只教人會道，不為別事」[25]。《景德傳燈錄》卷十四《石頭希遷》也記載，「時門人道悟問：『曹溪意旨誰人得？』師曰：『會佛法人得。』曰：『師還得否？』師曰：『我不會佛法。』」[26]。可是，我們在普通信仰者的問話中，看不出這樣的細微分別；在回答一般信仰者的時候，禪師也並不強調這裏的區別。從此我們是否可以看到一般知識、思想與信仰世界對禪的理解水準，以及禪宗在一般知識、思想與信仰世界的傳播策略呢？

當然，從提問者有時很淺陋有時又很機敏的問題中，我們還可以映證禪宗的思想與語言漸漸變化的歷史。比如，在最初的問題中，提問者為尋求對信仰的理解，常常問的是較為普通而直接的佛學問題，如「我欲識佛，何者即是」「無相當何證之」「定慧為一為二」「何者

---

24 《祖堂集》，日本京都花園大學禪文化研究所影印本，卷二，96-97頁。

25 《祖堂集》，日本京都花園大學祥文化研究所影印本，卷十六，587頁。《宗鏡錄》卷六引南泉語也說：「只為四百九十九人皆解佛法，只有盧行者一人不解佛法，只會其道，所以得衣缽。」《古尊宿語錄》卷十二《南泉語要》有類似記載，說直至馬祖，「亦教人會這個道」「只有盧行者一人不會佛法，不識文字，他家只會道……智不是道」

26 《景德傳燈錄》，卷十四。

名戒」「一切諸法何名實相」等等[27]。顯然，這時的禪宗還沒有自己特別的語言系統，和其他門派一樣，他們對於深切理解佛教基本教義，仍保持著相當的熱心和關心，而回答信仰者的疑問，語言也相當直接和確切。在這種直接而且確切的問答中，佛教經典的義理、語言和邏輯，還在控制著禪門的思路。但是，語錄的稍後記載中，就漸漸較多出現一些特殊的問話方式，顯示禪宗幵始追求在語言中超越語言，並且開始用非理論化和非教義化的問題，提出自己的思考並開始消解經典邏輯和義理的束縛，像「壽山年多少」「何處人」「什麼處來」「擬問不問時如何」「師唱誰家曲」「學人有鐵牛之機，請師不搭印」。這種曲折和自然的話語，形成了禪門自己凸顯深刻真理的語言。這時的回答可以千變萬化，關鍵是能否切合當時的環境，是否來自自然萌生的問題，也要考慮是否出自自心的思考，也就是真正的隨心所欲。到了再往後，由於禪門的特殊語言已經成為形式，新說法則變成舊典型。例如，長慶慧棱禪師曾經有偈語說「萬象之中獨露身」[28]，這是用佛陀「唯我獨尊」的典故，表明自己內心領悟真理後的超越塵俗感覺。但在他之後，很快這一系禪門問話中就有這樣的句子，「如何是萬象之中獨露身」「作麼生是萬象之中獨露身」[29]。到了宋代，連另一系的禪門也借用了這樣的命題，以「十載走紅塵，今朝獨露身」等等

---

27 參見《五燈會元》，卷三《南嶽懷讓禪師》，北京，中華書局，19840以下引《五燈會元》均同此本。另如「如何用心，即合無相三昧」「道非色相，云何能見」「有成壞否」「問：如何得自由分」「何物大於天地」「如何是道」「如何是大涅槃」「心法雙亡，指歸何處」「如何是佛」「即心即佛，那個是佛」「真如有變易否」「如何是四諦」。雖然並不絕對如此，但大體上仍可以看出早期問題與回答尚多直接討論基本佛理，而後來則漸漸演變成公案機鋒。

28 參看《景德傳燈錄》，卷十八。這首偈語全文是「萬象之中獨露身，唯人自肯乃方親。昔時謬向途中尋，今日看如火裏冰」。

29 參看《景德傳燈錄》，卷二十二、卷二十四。

變化的語句作為啟發的公案，而禪師的回答也從「舉一指」這樣有相對明確意味的暗示，變成了「雪上加霜」「牡丹花下睡貓兒」「到江吳地盡，隔岸越山多」這樣看似答非所問的話語[30]。「獨露身」由本來的回答變成了問題，回答又必須回應過去的故事和歷史，彷彿文學中的典故，不熟悉這些典故，不僅沒有辦法提出問題，而且也無法隨機應答，這顯然決定了問者與答者的文化階層，必然向精英方面轉化，而本來是相當嚴肅的宗教問題，也在這種文學式的問答中被瓦解成了語言遊戲。

結語：重新敘述和解讀禪宗史

現在，禪宗史在歐美、日本以及中國的大陸、香港、臺灣，都有不少研究者。他們不同的觀察視角、不同的研究方法、不同的理論背景，使禪宗史研究呈現出相當複雜的面貌。除了禪宗傳承和思想史的一般研究外，我注意到，關於禪宗的思想和語言之間的關係、關於禪宗語錄和佛教經典之間複雜的關聯、關於禪師與政治的關係、關於古典文學對於禪宗真理表達習慣的深刻影響、關於禪門的生活史和制度史，都還有相當大的研究空間，也逐漸出現了新的著作和論文。現在的問題是，在各種不同側面的研究基礎上，我們如何能夠找到更新的思路，使禪史研究超出胡適、鈴木大拙乃至印順以來的習慣性套路，用新的方法重新敘述和解讀禪宗的歷史？

30 參看《五燈會元》，卷十二《大溈慕哲禪師》，757頁；卷二十《給事馮楫居士》，1320頁；《靈巖了性禪師》，1343頁；《大洪祖燈禪師》，1383頁。

攀龍附鳳的追認

——從小林正美《唐代の道教と天師道》討論佛教道教宗派研究的方法

一　《唐代の道教と天師道》：一部有爭議的顛覆性新著

「道教史研究中至今還沒有可以稱得上是『定說』的東西」，日本早稻田大學小林正美教授在其前些年出版的《六朝道教史研究》中這樣說，這使中國道教研究者印象深刻[1]。其實，在最初讀到這本書的日文版時，我也一樣感到很有衝擊力，畢竟，不承認「定說」便意味著要提出「新說」。確實，在如今的道教史研究中，需要更多「新說」來刺激研究領域的拓展和研究問題的更新，因此，我一直很注意小林正美教授的道教史研究。

2003年秋天，我在臺灣大學歷史系教書，聽說小林正美的新著《唐代の道教と天師道》（知泉書館，2003）問世，並且有一些相當重要的新看法。因為我當時正在臺灣大學開佛教史和道教史的專題課，於是，請歷史系博士候選人楊俊峰代我覓一冊來先讀為快。原來這個新看法是唐代並不存在什麼上清、靈寶、三皇、高玄等道教派

1　參見劉屹：《評〈六朝道教史研究〉》，載《中國史研究》，2002年第4期。此文也指出，小林教授的道教文獻學研究，確實有一些相當精彩的說法，但是也有相當的問題，比如，有時對相關材料缺乏順時性的考察，有時會在尚未確認的情況下繼續推論，有時又對附帶捉到的道教典籍，幾乎未加論證就給出確定的年代等等。我大體同意這個看法。

別，唐代的道教就是天師道的出家道士和在家信仰者，唐代道教的教團就是天師道的道觀和道士構成的。在這部新著中，他再三說到，唐代道士的法位基於天師道的位階制度，上清經籙在唐代只是在天師道中傳授，而所謂上清派只是存在於宋、齊以及梁初，在唐代根本沒有活動（5頁、56頁、166頁、207頁）。記得當時我看後的最重要感受是，這是一部顛覆性的著作，因為正如小林正美先生所說，如果這一道教史的舊說被改寫，「這一持續了半個世紀之久的說法崩潰，那麼，就必須修正建立在這一說法基礎上的那一部分道教史，並且這一部分道教史就需要進行再構築」（57頁）。但是，因為當時太忙，並沒有時間細細考慮這一顛覆性說法在道教史上的意味和它對宗教研究方法上的意義，所以只是匆匆做了一些筆記，直到2004年回到北京，收到小林先生寄贈的書，我才重新來考慮這一新說究竟可以給我們提供什麼樣的啟示。

這個說法是值得討論的，因為它確實將改變我們對唐代道教史的一個基本看法。

如果按照小林正美的描述，那麼，把唐代道教分為上清（茅山派）、靈寶（洞玄派）、洞神（三皇派）、高玄（太玄派）、正一（天師道）或者重玄等等派別，把其中的上清派作為唐代道教的主流，是一種沒有依據的說法。小林氏指出，無論是中國學界的著作，如卿希泰主編的《中國道教史》、任繼愈主編的《中國道教史》，還是日本漢學界的著作，如吉岡義豐《永世への願い——道教》、窪德忠《道教史》，或是西方中國學界的著作，如 Isabelle Robinet 的《道教史》，都有這種對唐代道教史的誤解。而這種誤解的來源很早，從宮川尚志、福井康順到吉岡義豐，人們已經習以為常地接受了這種沒有根據的說法，並把它當作歷史敘述的基礎（7-9頁）。確實是這樣，在寫這篇評論的時候，我再次檢查了一部分中國近年出版的道教通史研究著作[2]，大凡有關唐代道教的部分，基本上都是先討論重玄學，然後敘述茅山宗（上清派）、樓觀派以及不很顯著的天師道以及其他教派。不僅在中國學界，就是在西方，2000年出版的由 Livia Kohn 主編的《道教手冊》（Daoism Handbook）中，仍然分別請 Isabelle Robinet 和山田利明執筆，單獨列了上清派、靈寶派兩章。當然我注意到，也有一些著作提到，唐代道教的宗派界限並不很清晰，但是他們基本上認為這是分化之後的融合，換句話說，就是當時有這些「宗派」，只是在唐代彼此的界限漸漸模糊而已。這一說法可以用卿希泰主編的《中國道教史》為例。在第二卷第五章第三節中說，「道教經過魏晉南北朝的分化發展後，到了隋唐又呈現融合之勢」「由於融合，使原先個性特徵十分鮮明的各個道派，逐漸在教理教義和宗教儀式上，都互相滲透，呈現出你中有我，我中有你的狀況，難以區分」。同時作者還說到，唐代有許多道士「傳承世系不明」，因此特意說明，這是當時不恪守一家而會通各個門派的結果，「於此正可看出唐代道教宗派融合的特徵。[3]另一部由劉鋒等編寫的《中國道教發展史綱》也如此說：「隋唐時期，雖然有不同的道派名稱，但彼此之間沒有嚴格的界限，經戒符籙、齋醮儀範等兼收並蓄。」[4]

小林正美的看法似乎和他們不同。

---

2 例如卿希泰、唐大潮《道教史》（北京，中國社會科學出版社，1994）、劉鋒、臧知非《中國道教發展史綱》（臺北，文津出版社，1997）、孔令宏《中國道教史話》（保定，河北大學出版社，1999）、唐大潮《中國道教簡史》（北京，宗教文化出版社，2001）、卿希泰《簡明中國道教通史》（成都，四川人民出版社，2001），基本上大同小異。但金正耀《中國的道教》（臺北，商務印書館，1993）一書例外，並不敘述和討論唐代道教的流派，而只是列了「唐代符籙派道教」和「道教煉丹術的興盛」兩節。

3 卿希泰：《中國道教史》，119頁、170頁，成都，巴蜀書社，1996。

4 劉鋒、臧知非：《中國道教發展史綱》，230頁。同上書。

二　佛教史和道教史上所謂的「宗派」

這涉及到如何理解和看待中國宗教史研究領域中的「教派史」的問題[5]。我們先把小林正美這一論斷的正確與否放在一邊，看一看佛教史和道教史上所謂的「宗派」問題。

二十世紀三十年代，湯用彤先生在《漢魏兩晉南北朝佛教史》中已經對中國佛教的宗派說法有所懷疑；到1961年，病榻上的湯用彤先生寫了一篇《論中國佛教無「十宗」》，反駁把中國佛教說成是十宗或十三宗的說法，指出中國佛教只有天台、禪、華嚴、法相、真言、律六宗；第二年，他又寫了一篇《中國佛教宗派問題補論》，繼續申論這一想法。他指出，在兩晉以後盛行的是學派上的「宗」，而隋唐時期竟起的是教派上的「宗」「此時之『宗』，與過去所謂『宗』是兩樣不同的事」，學派之「宗」屬於佛學史，教派之「宗」屬於佛教史[6]。顯然，晚年的湯用彤先生對來自日本的陳說有些不滿。自從凝然《八宗綱要》被梁啟超、楊文會引述和發揮之後，在佛教史研究中，從日本學界來的佛教分「八宗」「十宗」和「十三宗」的說法，就順勢籠罩了中國學界。但是，這是很不合適的。原因很簡單，所謂「宗派」，不僅需要有同一的學說與經典，而且應該「有創始，有傳授，有信徒，有教義，有教規」[7]，換句話說，就是需要有師徒相承的關

5　在佛教史道教史研究中，人物研究、典籍研究和宗派研究向來是比重最大的三塊。在1997年香港中文大學宗教系召開的一次學術會議上，來自香港浸會大學宗教系的一個學者，很嚴厲地批評中國大陸佛教史研究者只注重這三項內容，他的批評雖然不一定正確，但也說到一些問題與現象。

6　《論中國佛教無「十宗」》，此文與《中國佛教宗派問題補論》載《湯用彤全集》，第二卷，367-382頁、383-416頁，石家莊，河北人民出版社，2000。

7　見《論中國佛教無「十宗」》，第二節《「宗」──教派之發生》，372頁，載《湯用彤全集》。同上書。這一說法後來大多數研究者都同意。比如《中國佛教百科叢

係、關於這一系統的歷史敘述，以及分清你我的「認同」標誌，否則正如湯用彤所說，那只是「學說」而不是「宗派」。但是，宗教傳播中一旦有某個弟子很傑出，使這一分支越來越興旺，這個弟子的弟子或再傳弟子們就會自行撰寫一門興旺的家譜，重新上溯祖系的歷史。這時，遮蔽和誇張、塗抹和虛構就會同時出現，常常不免要自立門戶，在師門外另闢師門，上溯一個光榮的祖先，下連許多傑出的子孫，把自己這一脈的家族放大，並且極力劃清與另宗他家的界限，這才逐漸成為所謂有邊界的宗派[8]。可是，當現代學者需要給佛教史、道教史清理脈絡、書寫歷史的時候，就不免會受到這種「現成」系譜的影響，以為當時真的就已經有這麼一些門戶清楚、傳承有序的宗派[9]。相反，由於歷史流逝，勝利者被放大，而失敗者被湮滅，於是，有的真正存在過的宗派卻漸漸在史冊中失去身影。就像三階教，如果不是有後來敦煌文獻的發現和日本矢吹慶輝的發掘，可能這一宗派便在「歷史記載」中「不存在」了。

這是一個普遍的歷史現象。這種師以徒顯、派因宗生的後來說法，常常會以「歷史記載」遮蔽「歷史本相」，使我們現代宗教史研

書》中專門討論宗派問題的潘桂明著《宗派卷》在第三章中也從理論上指出，宗派的產生需要有四個條件：一是高度發展的寺院經濟以保證宗派獨立的經濟來源；二是系統的學說體系以保證自宗在思想理論上的獨立地位；三是相對固定的傳教地域，即以某祖庭或大型寺廟為中心；四是嚴格的法嗣制度和寺院規範，以行政制度保持自己的特殊地位。這在理論上沒有問題，但是，研究者通常比較不注意宗派問題的後設性虛構，也較少注意到宗派之間並不那麼涇渭分明。比如，潘桂明此書仍然設有三論宗、淨土宗、律宗等專章，似與其理論上的說法有些衝突，與湯用彤先生的想法也不盡相合。

8 比如《中國佛教宗派問題補論》中指出的，四明知禮「作《延慶寺二師立十方位持傳天台教規戒誓詞》，嚴格規定只許學天台，勿事兼講，兼講則是叛徒」，這就真的有了宗派的邊界了。

9 湯用彤指出的淨土宗，就是一例。其實淨土並不成宗，各家都有淨土之說，而淨土七祖之說，是南宋四明石芝宗曉的說法，並無根據。

究者在無意識中接受關於某個宗派的說法。佛教史的情況是這樣，道教史的情況也差不多。後世的道教徒出於對某一支的追認和推崇，常常要凸顯他們的師承和延續，把這種師生相續的歷史說得彷彿依靠武林秘笈世世相傳一樣，造成環環相扣的傳續歷史。就和禪宗那種叫做「傳燈錄」的史冊一樣，讓人們誤以為歷史真的那麼清楚而且單純，因而不太會對這些說法作「證據的檢驗」。尤其是當這種說法與自己的閱讀印象大體接近的時候，它特別容易被接受下來，並且反過來成為研究者閱讀文獻的先驗框架。唐代的道教史中，由於從王遠知、潘師正、司馬承禎到李含光等茅山一系道士，確實與李唐皇室較為接近，深得信任，影響頗大，而且人們常讀的《雲笈七籤》中恰恰有中唐李渤《真系》勾勒出了的這一傳承系譜，這個系譜恰恰又被元代劉大彬專門記載茅山一系的《茅山志》凸顯出來，茅山又恰恰是道教的一個聖地，所以，人們也就依著思維的慣性，理所當然地接受了「茅山上清派是唐代道教的主要流派」這個從古代文獻到現代研究「層層積累」的說法。

可是，小林正美在本書中卻指出，上清派本來是有的，但是那只是劉宋、南齊和梁初，由一個老師和少數弟子構成的小集團。這些小集團並沒有形成統一的組織，只是共同遵奉《洞真太上太霄琅書》和《太真玉帝四極明科經》等經典中所說的教理、戒律和科儀（22—23頁）。換句話說，就是類似湯用彤先生所說的一個「學派」。這個時候的上清派，由於沿用了很多天師道中出官儀之類的東西，在舉行這類活動時也要有天師道道士的協助，或者乾脆參加天師道的儀禮，因此這種知識、技術和儀式的交流，一方面導致了上清集團的瓦解，一方面也使得天師道漸漸接受了上清的資源，比如把上清的洞真法師當作天師道的位階。據小林氏說，在陶弘景之後上清集團就完全瓦解，唐代的茅山道觀並沒有上清派道士，居住的都已經是天師道道士了

（23-24頁）。他認為，上清在唐代只是天師道位階制度中道士的一種法位。他重新檢查了唐代碑文、墓誌、題記以及敦煌資料這兩大類相對可信的原始資料，指出唐代道士分為正一道士、高玄道士、洞神道士、洞玄道士、三皇內景道士、洞真道士、三洞法師等等。他舉出張萬福、朱法滿、葉法善、李含光、劉處靜、應夷節、馮惟良、田良逸以及馬游嶽等等為例，指出天師道的最高稱號是天師，而本來所謂上清派的潘師正、司馬承禎、李含光都被稱為「天師」。而在唐代，上清、靈寶、高玄、升玄、正一等等，已經成了道士受籙傳戒的法位階梯。

正如《三洞奉道科誡儀範》《正一威儀經》等所規定的，唐代天師道曾經有十九種法位，大致可以分成五等。由低而高，第一等是正一道士和高玄法師，第二是洞神、洞玄、洞真（又各分弟子與法師），第三是洞淵、升玄法師，第四是大洞法師，第五是最高的「上清玄都大洞三景弟子」和「無上三洞法師」。這種法位的取得和傳授經籙互相配合，在唐代張萬福的時代已經漸漸清理得很整齊了。《傳授三洞經戒法錄略說》卷下《明科信品格》中規定了道士升位要按照這樣的順序，即〈1〉佩符籙，〈2〉受五千文，〈3〉受三皇文，〈4〉受靈寶諸經，〈5〉受洞真經。小林正美認為，從梁初到北宋初期的天師道受法程序和道士的法位制度，其基本型是依據三洞四輔而來的[10]。他說，梁代初期的天師道道士受法，先正一、次太玄、後三洞，三洞中是先洞神、次洞玄、最後是洞真；這時的經典中有了《洞淵神咒經》和《升玄經》，於是又加上了洞淵神咒法師、升玄法師，但是，基本上還是正一、太玄、洞神、洞玄、洞真的序列（123-124頁）。

10 但是，小林對於為何道教的法位階級在三洞四輔中，沒有對太平部、太清部的法位，解釋卻很勉強。我想，這可能是一種「一統」意識下歸納和湊合成的理想，並不是實際實行的法階。

我重新檢驗了《全唐文》《全唐文補編》中的證據，覺得有一定道理，儘管我還有一點懷疑。

三　宗派研究的方法論問題

這篇評論並不重在討論小林正美的這一結論，而是想進一步討論思想史與宗教史研究中關於宗派問題的方法論。

這裏重提一個舊公案。大多數道教史著作都要提到唐代的「重玄」說。自從蒙文通提出這一道教學說的重要性以來，經過日本學者砂山稔、中國學者盧國龍等人的研究和表彰，很多學者都接受了「重玄派」這個名稱。但是，事實上這種說法是有疑問的，正如前面指出的，所謂宗教之「派」，不僅依據典籍與詮釋思想相同，而且應當有〈1〉明確的傳承譜系與歷史，〈2〉大體邊界清楚的團體與認同，〈3〉相同的儀式或方法。如果僅僅是經典與思想相同，彼此之間並無實際的交往，恐怕只是當時道教流行的思潮。所以，小林正美和我一樣，都不贊成有所謂「重玄派」(207-208頁)，只是他的理據和我不太一樣。他指出，過去有人認為，重玄派是在六朝時期靈寶、太玄派影響下形成的，但是他說根本就沒有太玄、靈寶派。而我則認為，重玄沒有組織，本來就是後人總結的一種對《道德經》解說的不同風格，並不是一派[11]。他是從歷史上釜底抽薪，指出這種歷史傳承其實並不存在，而我是從學說與宗派的分別上辨析，指出思潮未必成為「派」，但是我們都認為這並不是道教的一個宗派，而是隋唐之際道教對《道德經》解釋中比較重視「重玄」的一個傾向。

---

11 我對砂山稔《隋唐道教思想史研究》一書的評論見《唐研究》，第二輯，北京，北京大學出版社，1997。

這類認識和辨別的問題，其實，在古代中國思想與宗教研究領域很普遍，不僅在佛教與道教方面，像先秦時期有沒有司馬談所謂的「六家」或劉向、劉歆、班固所謂的「九流十家」，就是一個很有趣的問題。現在很多學者已經看到先秦無六家，比如陰陽家就並非一「家」而是當時普遍共用的觀念、知識和技術，儘管有一些人長於這種知識與技術的使用，但是，他們卻與儒、墨、道之間不存在認同的鴻溝和觀念的爭論；而法家與儒家在基本的個人權利、國家秩序、社會倫理的基本預設與思想關注上，並沒有什麼大的差異，只是策略上的偏重不同；至於名家，其實也並不存在這一「家」或「派」，他們與道家的千絲萬縷聯繫，讓人們可以重新理解《莊子天下篇》[12]。胡適曾經說到，他自己著《中國哲學史大綱》，「根本就不承認司馬談把古代思想分作『六家』的辦法……至於劉向、劉歆父子分的『九流』，我當然更不承認了。這樣推翻『六家』、『九流』的舊說，而直接回到可靠的史料，依據史料重新尋出古代思想的淵源流變，這是我四十年前的一個目標。我的成績也許沒有做到我的期望，但這個治思想史的方法是在今天還值得學人的考慮的」[13]。

我想，的確如此。

仍然回到佛教與道教史上來。最近在佛教史領域可能有一些「後現代」的風氣，這個風氣雖然我未必贊同，但也不能不看到他們一些「偏見」背後的「洞見」，比如美國學者馬克瑞（John McRae）在

---

12 關於先秦元六家的論證，見任繼愈《先秦哲學無「六家」——讀司馬談〈論六家要旨〉》，《文匯報》，1963年5月21日；〔美〕蘇德愷：《司馬談所創造的「六家」概念》，《中國文化》，第七期，北京，三聯書店，1993；陳啟雲：《「儒家」、「道家」在中國古代思想文化史中的定位》，載其《中國古代思想文化的歷史論析》，北京，北京大學出版社，2001。

13 胡適：《中國古代哲學史大綱臺北版自序》，《胡適學術文集（中國哲學史）》，5-6頁，北京，中華書局，1992。

Seeing Through Zen: Encounter, Transformation and Genealogy in Chinese Chan Buddhism 裏面提出了他所謂的「禪研究四原則」(McRae's Rules of Zen Studies)[14]，第一條是「它（在歷史上）不真實，因此它更重要」(It is not true, and therefore it's more important)。他說，禪語錄不能當歷史事實對待，但是應當在更長的歷史中把握它，看看它究竟起了什麼作用。第二條是「禪宗譜系的謬誤程度正如它的確實程度」(lineage assertions are as wrong asthey are strong)。就是說，關於禪系譜的說法，正如它凸顯的那樣缺乏歷史性，實際上是宗派認同、強調自我意識的產物，如果把它當歷史，可能就會誤解。第三條是「清晰則意味著不精確」(precision implies inaccuracy)。據說越是有明確的時間和人物，它就越可疑。第四條是「浪漫主義孕育諷喻」(Romanticism breeds cynicism)。據說，說故事的人不可避免要創造英雄和壞蛋，禪史也同樣不可避免地要製造早期家長的偶像，以削弱我們歷史理解中的黃金時代（唐代）和想像中停滯的形式主義時代（宋代），如果一方面被浪漫化，一方面就要被輕視化，於是所有歷史將在想像的故事中隱匿不見。也許這一理論太過「後現代」，也許這一原本只是特殊的現象，在馬克瑞的筆下被放大普遍化了，但是我們看到，唐代禪宗史中確實有這種情況。我們知道，唐代禪宗史基本上都是以禪宗自己書寫的燈錄為基本線索的，所謂「燈錄」是個習慣的說法。禪宗說，佛教的真理是「以心傳心」，心和心之間，就像從一盞燈，把火傳給另一盞燈一樣，一點一點接續的，記錄他們的歷史和思想的書，常常就叫做「傳燈錄」，比如《景德傳燈錄》《五燈會元》等等。

---

14 〔美〕馬克瑞：McRae' s Rules of Zen Studies, Seeing Through Zen: Encounter, Transformation, and Genealogy in Chinese Chan Buddhism, P.xix, University of California Press, 2003。

可是，傳統的燈錄是按照派系的線索來書寫的，它的好處是脈絡清楚，而且可以在系譜確定之後，不斷地在裏面添加資料，可以有僧必錄，並安放在適當的輩分和位置上，比如誰是某某法嗣，誰是誰的第幾代傳人，這樣就容易給歷史留下一個較為整體的面貌。但是它的缺點也很清楚，就是常常不是順著歷史記錄。《祖堂集》裏面還有「不睹行狀」的話，還比較老實，但後來就不同了，因為每個撰寫燈錄的人都屬於某一門派，所以就有自我誇張的情況。以前有個詞叫「出主入奴」，就是說總是按照某個和尚身前身後的顯赫、弟子的地位，和弟子的弟子們的記錄，來追憶並且重建當時的情況，於是，不免有放大和縮小的嫌疑，這就是所謂「師因徒顯」。這種情況在古代中國相當普遍，就像各種家譜和族譜，修譜就像修史，常常習慣地為自己這一門寫光榮歷史。當年胡適在給柳田聖山的信裏說，中唐和晚唐有很多偽書和假歷史，都成了《景德傳燈錄》的原始材料，因為在大曆到元和年間，也就是禪宗南宗一支最要緊的時代，它一旦大盛，就有很多「攀龍附鳳」的運動，這話說得非常正確[15]。陳寅恪先生給馮友蘭《中國哲學史》寫審查報告的時候說過，「其言論愈有條理統系，則去古人學說之真相愈遠」[16]，所以馬克瑞講得有些道理，看上去越有條理系統，越是值得懷疑，那些看上去很清楚、很條理的歷史，恰恰是一點一點描畫和塗抹出來的。套一句理論家的話，有時候，歷史常常是捨棄了很多後人以為術重要的史料以後才形成的。

所以，冉雲華就指出：「多年以來，禪宗歷史所根據的是《傳燈錄》之類的宗派文獻，都是十世紀以後編纂的，它們所記的早期禪

15 耿雲志、歐陽哲生編：《胡適書信集（下）》，1582頁，北京，北京大學出版社，1996。

16 陳寅恪：《審查報告一》，《中國哲學史》，下冊，2頁。

史，資料不足而且還有宗派成見。」[17]他發現，不屬於禪門的《高僧傳》《續高僧傳》《宋高僧傳》的「習禪篇」所記載的禪史，就是「多為傳燈錄一系的歷史所掩蓋」的東西。如果說僧傳還有一些嫌疑的話，那麼，我們再往上尋找原始文獻，也許更可靠的是當時人所作的碑銘和序文等。我過去曾經引用過四個有關中唐禪史的碑銘和序文，第一個是李華為玄朗所寫的《故左溪大師碑》，第二個是韋處厚撰寫的《興福寺內道場供奉大德大義禪師碑銘》，第三個是白居易在《傳法堂碑》中引興善惟寬語，第四個是裴休為宗密所寫的《禪源諸詮集》序文。如果從這些沒有被「污染」過的資料中歸納，就可以看到八世紀後半期以來，門檻外的一般人關於禪門的共同認識。也就是說在當時相當多人的心目中，所謂禪門應當大體包括五大系，即北宗、荷澤、牛頭、天台和洪州，並不是傳統燈錄裏記載的北宗被南宗取代，惠能之後是青原、南嶽的傳承史，甚至也不是胡適所考證的惠能之後是神會的一線單傳。這一歷史記載遮蔽歷史事實的過程，如果可以「倒捲簾」式地「重放電影」，那麼，大致上可以看到一個這樣的過程：第一，當南宗禪還沒有全面取得壟斷地位的時候，有關禪宗的文獻，包括敦煌的文獻，對北宗、南宗、荷澤、牛頭等等各個方面的記載，大體上還是公允平實的，比如《法如碑》、王維《惠能碑》、張說《神秀碑》等等；第二，當禪宗南宗漸漸進入鼎盛時期，一個惠能與神秀的論戰、神會與普寂的爭鬥的系譜被寫出來，而法如、神秀、普寂等人的歷史開始被遮蔽或者被扭曲，比如《壇經》《神會語錄》等等；第三，當馬祖道一的洪州宗大盛以後，北宗、荷澤和洪州的不同系統開始出現，如宗密的記載；第四，當石頭希遷後人越來越多，

17 冉雲華：《中國早期禪法的流傳和特點：慧皎、道宣所著〈習禪篇〉研究》，載《中國禪學研究論集》，2頁。

要獨立的時候，又開始在馬祖門下分出去一部分（丹霞天然等），確立了青原行思到石頭希遷、南嶽懷讓到馬祖道一的系譜，而神會系又被遮蔽，如《祖堂集》；第五，當百丈懷海後人得勢以後，在原來兩系統中，百丈後人的一系就突出起來，如《景德錄》等等。於是，漸漸形成直至現代的關於唐代禪宗史的系譜。

四　追認的系譜：以禪宗史與道教史為例

如果我們回過頭去看唐代佛教史和道教史，我們還會發現，各個宗派並不像想像中那麼壁壘森嚴，相反，可能很多原來以為分屬不同陣營的佛徒道侶，彼此的身份互相混雜，各自的認同和區分也沒有那麼清楚。

不僅僅是禪宗這一脈，我一直覺得唐代佛教徒的分類，在某種意義上，以宗派分不如使用唐人習慣的法師、禪師和律師的三分法來分，更清楚而不重疊。法師、禪師和律師[18]，這種佛徒的標準稱謂既與其「出身成分」相關，又與各自的「專業特長」相關；不僅在他們圓寂後所立的墓誌塔銘上區分得相當清楚，而且還恰好對應佛教的慧學（法師）、定學（禪師）與戒學（律師）三學；特別是，它有各種《高僧傳》編纂體例的支持。《高僧傳》以譯經、義解（以上法師）、習禪（禪師）、明律（律師）為基本分類，顯示這種分類有相當的理解基礎[19]。可是，最近我也發覺，對於佛教徒的分類無論如何不能簡

---

18 參見〔日〕圓仁著，白化文、李鼎霞校注：《入唐求法巡禮行記校注》，71頁，石家莊，花山文藝出版社，1992。文中有「說世間無常苦空之理，化導男弟子、女弟子，呼道化俗法師也，講經論律記疏等，名為座主和尚大德，若納衣收心，呼為禪師，亦為道者，持律偏多，名律大德，講為律座主。餘皆準爾也」。

19 敦煌本《歷代法寶記》（S.516）中有一段類似神會滑臺辯論似的論戰，由無住和尚應對各方面的質問與辯難，其中對於各種佛教中人的稱呼，就很清楚。

單和固執，就是這樣的三分法也只是一種權宜之計。因為不僅在隋代以後，定慧雙修者多，比如天台、華嚴的禪師常常兼通義學，很難說他們應當歸入「法師」還是「禪師」，而且到了中唐，連「禪師」與「律師」也多互相交錯，很多被稱為「律師」的佛徒，其實很注意習禪，甚至也可以在宗系中「雙祧」。比如大義（691-779）雖先從本州開元寺深律師學四分律，後於寶應初又與迴律師一道，向左溪朗禪師學止觀[20]；清江雖然是曇一律師（692-771）的門下，但在大曆年間又向禪門五祖門下的南陽國忠國師學習禪觀[21]；熙怡律師（726-796）雖受戒於南嶽，修律儀於東林，但又曾與顏真卿、楊於陵、趙憬、盧群為「參禪之侶」[22]；而曇玭（棲霞大師，723-797）雖「落髮於金陵希瑜（一作喻）律師，受戒於過海鑑真大師」，但又曾分別學習南宗和牛頭禪，「探曹溪、牛頭之旨」[23]；神湊（744-817）一方面作為律師，「具戒於南嶽希操大師」，但一方面又是個禪師，「參禪於鍾陵大寂大師」，即在有名的馬祖門下，「心行禪，身持律」[24]。這似乎是中唐前後的一種風氣，象徵著初盛唐流行的佛教義學崇尚，讓位給佛教實踐取向，而佛教實踐則以「定」和「戒」為最重要。所以，李華在《杭州余杭縣龍泉寺故大律師碑》就講禪律應當「二宗更相為用」。劉軻在評價上宏（一作弘，739-815）時也說，應當「通明大教，祖述毗柰耶，憲章修多羅，心同曹溪，事同南山」[25]。當然，這種界限

20 《宋高僧傳》，卷十五，362頁、369頁。

21 《宋高僧傳》，卷十五，362頁、369頁。

22 許堯佐：《廬山東林寺律大德熙怡大師碑銘並序》，載《會唐文》，卷六三三，2833頁。

23 劉軻：《棲霞寺故大德玭律師碑》，載《全唐文》，卷七四二，3403頁。

24 見《白居易集》，卷四十一《唐江州興果寺律大德湊公塔碣銘》，916-917頁，北京，中華書局，1985。

25 劉軻：《廬山東林寺故臨壇大德塔銘並序》，載《全唐文》，卷七四二，3404頁。

的含糊和混融，在同屬禪師的天台與禪宗各系之間就更加普遍，就像法慎（666-748）所說的，「天台止觀，包一切經義，東山法門，是一切佛乘」[26]。至於南宗禪門下的禪師，就更不像我們後來想像的那樣，好像真的井水不犯河水那樣涇渭分明[27]，反而常常是互相參訪、轉益多師的。正因為如此，根據南宗禪自己編造的系譜來確定師承，瞭解他們究竟屬於南嶽、馬祖一系還是青原、石頭一系，常常會產生疑竇。比如天皇道悟、藥山惟儼丹霞天然的師承，如果過分相信禪門後來的記載，就會對當時的各種碑銘、文集和《高僧傳》產生種種不解的地方，可是如果明白這種清楚的系譜不過是後來的「追認」，就可以在一定程度上同意馬克瑞的說法，「禪宗譜系的謬誤程度正如它的確實程度」。

道教史恐怕也同樣如此。我在《屈服史及其他》一書中討論盛唐道教時曾經說到，「很多現代的思想史或宗教史的研究者都開始對這種系譜或源流抱有懷疑，那種過分相信後起的傳燈、統紀、宗譜，並依據它們來尋找宗教的親緣血脈的做法，其實是在後設的資料中建構歷史」[28]。唐代上清派被《真系》等著作凸顯出來，在很大程度上也是因為師徒傳授的需要，正如《洞真太上太霄琅書》卷八中記載的，上清集團傳授經籙，有追溯先後三師（度師、籍師、經師）的制度，所以，在傳符籙、授憑信的時候就要追溯「三師」之歷史。例如中唐

26 《宋高僧傳》，卷十四《唐揚州龍興寺法慎傳》，346頁。

27 傳統的禪宗燈史如《景德傳燈錄》《五燈會元》等均以馬祖道一上承南嶽懷讓，石頭希遷上承青原行思，身後分別派生南宗兩支。馬祖門下以百丈懷海、南泉普願、大珠慧海為首，其中尤以百丈一脈為盛，後世衍生溈仰、臨濟二宗；石頭門下以天皇道悟、藥山惟儼、丹霞天然最為著名，天皇、藥山之後分出雲門、法眼、曹洞三宗，這就是所謂南宗禪史上的兩派五宗。

28 葛兆光：《屈服史及其他——六朝隋唐道教的思想史研究》，103頁，注6，北京，三聯書店，2003。

之初太清宮的吳善經曾經師事沖虛先生申泰芝，而申泰芝則要上溯到清簡泉君，泉君上面又要追溯到來君，來君之師則是萬君。據說，都有遺像在開元觀中，因此吳善經貞元年間住開元觀「傳三景真籙」時，也要立申、泉二君像，與自己合為授籙的三師[29]。因此小林正美就認為，把司馬承禎與陶弘景、王遠知、潘師正連綴起來，形成一個系譜，恐怕就是在潘師正的時候，由於傳授經戒的需要，而按照這種三師說法而成立的。後來李渤等書寫道教系譜的時候，也是按照這種三師系統追認歷史的。陶弘景與王遠知之間差了兩百歲，並不可能是真正的師生關係，王遠知師事陶弘景，也許只是潘師正編造三師的說法（162-163頁），因此，這種歷史系譜並不可靠[30]。

五　唐代道教都是天師道？真的都是天師道嗎？

唐代的道教確實很複雜，按照後設的說法，硬把他們分成上清、靈寶、升玄、高玄確實可能是向壁虛構，但如果反過來按照小林正美的說法，把他們統統說成是天師道，是否就一定合適呢？畢竟「說有易，說無難」[31]。應當指出的是，這個時候的天師道，其實已經「化

29 權德輿：《唐故太清宮三洞法師吳先生碑銘》，載《全唐文》，卷五〇一，2262頁。

30 比如據《洞玄靈寶三師記》中記載，中唐劉處靜的三師即經師南嶽田虛應（良逸）、籍師天台山馮惟良、度師天台山應夷節。於是，從劉處靜反溯，即構成了一個新的系譜。

31 佛教史的經驗似乎不能用到道教上。前面我提到，律師、法師、禪師的三分法，既是唐代對不同佛徒的身份認定和正式名稱，也是佛教中人的職能分工，它比較容易讓我們大體判定佛教中人的身份歸屬，那麼，唐代道教徒的一些正式頭銜，是否也有意義？本來，按照唐代官方的設想，也想仿傚佛教區分，像《大唐六典》卷四「道士修行有三號，其一曰法師，其二曰威儀師，其三曰律師。其德高思精，謂之煉師」，但是，似乎這是仿照佛教的理想化規定，唐代大多數道士的碑銘中，除了被尊敬地稱為「煉師」或「尊師」外，在正式的名稱中，似乎都被稱為「法師」，很少有稱為威儀師或律師的，這可能是因為道教中的「專業分工」沒有佛教那麼清楚。

身萬千」，分成了各種各樣、不相統轄的支脈。以盛唐為例，我在《屈服史及其他》中，曾經列出開元天寶年間的一些道士，如葉法善、張果、鄧思瓘、申泰芝、張探元、田仙寮、劉知古、邢和璞、羅公遠等等，這些道士是否都可以算成是天師道徒呢？他們有的「專精五龍」，有的習「金丹火龍之術」，有的則通「神劍」之法，也有的偏重於講道教沖淡虛靜的哲理，還有的專門修習燒煉金丹之道，很難說他們還是原來的天師道。我總覺得，經過南北朝的南北分離，漢魏時代原來意義的天師道已經分崩離析。首先，二十四治已經形同虛設（道教已經擴展到川陝以外廣大地區）；其次，濱海地區的道教也逐漸喧賓奪主（江南地區道教影響漸漸擴大）；再次，道教漸漸從邊緣走向中心，從民眾走向上層，在上流社會和外來佛教的雙重影響下，發展出種種不同的取向。因此，到隋唐時代，道教已經一片漫無統緒。仍然用魏晉南北朝意義上的「天師道」這個名稱來統稱唐代道教，恐怕也相當困難，因為，魏晉南北朝的「天師道」這一名稱，以及原來天師道的領袖、組織、儀式、技術和師承系統，似乎已經很難籠罩唐代所有的道教徒。

如果天師道真的在唐代仍然籠罩一切，那麼原來天師道的領袖張氏似乎應當處在中心的位置，可是，唐代張天師並不能一枝獨秀地占據道教的中心，甚至地位可能還在其他道士之下。在天寶七載頒布的《崇奉道教詔》中，唐玄宗儘管說，「崇其道者師其人，行其道者尊其禮」，但下面首先提到的，卻是從晉代的楊羲、二許以下，「為上清之宗」，然後才講到後漢張天師，「正一之道，幽贊生靈」[32]。從這種有意的時序錯置中，是否可以看出唐代道門已經不是「同一」的天師道可以籠罩？如果我們仍然沿用過去魏晉南北朝時代「天師道」的概

32 見《唐大詔令集補編》，1383頁，上海，上海古籍出版社，2003。

念，那麼也必須注意，這個時候的「天師道」已經不是那個時代的「天師道」了，張天師一系已經不再是領袖哪怕是精神領袖或名義領袖，各種道教派別也不再沿用和遵循原來天師道的傳統與規則。同樣的一個例子，日本學者愛宕元曾經注意到唐代儀鳳二年立《潤州仁靜觀魏法師碑》的意義，其中他特別提到，海陵的崇玄觀有張天師第十五代孫張文禮，以及其子張紹仙、張道彥、張道顒、張道嵩。而這個張文禮居然是仁靜觀魏隆的門人，而魏隆卻是以茅山徐昂法師為師的。張天師的後人以茅山系的道士為師，愛宕元說，這顯示了南朝以來茅山系包攝天師系的趨勢，在唐代初期仍然存在。這也許未必，但是是否也說明了「天師道」在唐代已經不能籠罩整個道教呢？[33]

有時候，研究宗教派別的人會陷入「畫地為牢」的誤區。小林正美教授在唐代道教史上給我們提出了這個問題，但是歷史研究裏面這種陷阱很多，常常因為身處現代的我們不得不從「後設」的立場回溯過去，而被「後見之明」所誤，那麼，我們會不會走出了「上清派」這個後設的虛擬概念，又走進「天師道」這個前代的遺留概念中呢？

---

33 見〔日〕愛宕元：《唐代地域社會史研究》，第二編第一章《唐代江南における宗教的關係を媒介とした士人と地域社會——〈潤州仁靜觀魏法師碑〉を手掛りに》，342頁，京都，同朋社，1997。在整個唐代，道教中張天師系統的中心地位沒落，儘管唐玄宗和唐肅宗都寫過《張天師贊》，但是同樣也都寫過《葉法善像贊》。張天師傳人中，似乎只有一個張探元有過較顯赫的歷史。開元初他從本郡明山觀到長安景龍觀；開元十年朝廷大建玄元皇帝廟，他與峨眉王仙卿、青城趙仙甫、漢中梁虛舟、齊國田仙寮一起被重用；到開元二十一年，與洞元先生司馬秀一起當了東都道門威儀使，不久兼任聖真觀和玄元觀的兩觀觀主。見蔡瑋：《房東都道門威儀使聖真玄元兩觀主清虛洞府靈都仙臺貞元先生張尊師遺烈碑》，載《全唐文》，卷九二七，4285頁。

【附錄 1】

歷史的意義

──讀兩種歷史教科書和入門書的隨想

在學術界始終把論文專著的高深與否作為評定水準高低的標準，而教育界又把號稱研究著作的書當作換取名聲和職稱的依據的情況下，各種歷史著述中，學者最容易忽略的是教科書和入門書，而讀者雖然看得最多，卻也最容易輕視的也是教科書和入門書。可是，傳遞學術消息也罷，培養寫作習慣也罷，建構民族傳統與意識形態也罷，最有力的偏偏還是教科書和入門書。雖然很多學者看到這些淺顯通俗的著述，就撇撇嘴掉過臉去表示不屑，但他們自鳴得意的高頭講章，無論在銷路上還是在影響上卻始終比不上這些通俗讀物。儘管很多學者把寫作的目標總是鎖定在精深的學術著作上，不過，大多都是從學生出身的他們卻在意識的深處被教科書或入門書所規訓和控制。

最近，看到一部很有啟發性的中國歷史教科書，即臺灣的張元和李孝悌合編的高中教科書《歷史》，和一部通俗的中國史入門書，即美國伊佩霞寫的《劍橋插圖中國史》（The Cambridge Illustrated History of China）。正巧我對現在的教科書有一些想法，自己又正在編寫或參與編寫幾種教科書和入門書，所以，不免看得格外仔細些。下面是一些有感而發的話，說不上是書評，一半是讀慣了自己教科書和入門書的人讀上面這兩部書的感受，一半是在這兩部書的映襯下，對我們目前通用的歷史教科書與入門書寫作觀念與方式的反省。

一

乍一讀後，第一個感覺是這兩部書寫得比我們的教科書好看。《歷史》編者之一的李孝悌在一次討論會上曾說，「教科書要有內容，深入淺出，可讀性應放在第一位」。這很對。不過依我的理解，所謂「可讀性」並不僅僅是文字技巧的問題，而是一個敘述內容的問題，更是一個歷史理解的問題。所謂「好看」並不等於一定通俗，就好像「枯燥」並不一定等於深刻一樣。要把歷史著作或教材寫得好看，讓人想讀還願意讀下去，在於如何理解「歷史」，以及如何經由歷史敘述傳遞「歷史的精神」，即怎樣把歷史放在一個好的敘述思路中，通過精心選擇的情節和文字，傳遞學術思考的深度和難度，使閱讀者理解和感受歷史。這是一個相當重要的歷史技巧，更是一個關於「歷史何為」的觀念問題，絕不僅是「通俗」和「深奧」的寫作形式的分別。其實，像費正清（John King Fairbank）的《偉大的中國革命》（*The Great Chinese Revolution*）和史景遷（Jonathan D. Spence）的《知識分子與中國革命》（*The Chinese and Their Revolution*, 1895-1980），何嘗因為它寫得生動而成了通俗？其實有學術的「歷史」和沒有學術的「戲說」，是很容易分別的。

也許還得重新討論「什麼是歷史的意義」這一老話題，因為只有明確什麼是「歷史」的意義，才能確定歷史寫作的目的，而只有確定歷史寫作的目的，才能明確歷史該如何寫作。通常，歷史著作就是一種歷史記憶，然而從不同時代、不同立場和不同思路出發的往事回憶，往往呈現出不同的歷史敘述，建構不同的現代位置。不止是個人回憶會有種種誇張、遺忘和塗抹，整體的歷史敘述也會由於環境和現實而變化，表現出不同的意識形態和文化取向。所以，「歷史何為」是一個很難回答的老問題。不過，近代以來，在各種宗教——文化——民族的「共同體」中，溯源尋根，通過自己的歷史敘述來界定個人、民族的身份認同，已經是常用方法。布羅代爾（Fernand Braudel）在他自己寫的《文明的文法》這本教科書的序言中說，「歷史學不應當熱衷於民族主義的編造（民族主義是常常應當受到譴責的），也不應當只沉湎於人文主義（儘管人文主義是我所偏好的），重要的問題在於，如果歷史學消失，國民意識也將因此不能存續，而如果喪失了這種國民意識，法國也好，意大利也好，都不可能存在有獨立的文化和真正的文明。」

說到歷史的意義，在這裏順便說一個例子。哈佛大學有兩個教授曾經合開了一門課，專門給一些決策者講歷史的作用，這門課的講義後來出版了一本書，中文本名叫《歷史的教訓》，而英文名字是 *Thinking in Time: The Uses of History for Decision-Makers*。裏面列舉了種種用歷史經驗來指導現實政治的例子，包括1962年的古巴導彈危機所喚起的歷史回憶、歷史回憶提供的經驗，以及這些經驗如何幫助決策者處理危機等等。但是，我總覺得這樣理解歷史功用太實際也太狹隘，並不是每個人都有可能是決策者，也不是所有需要讀歷史書的人都有機會用歷史經驗處理現實問題，也不是每個人一生中都能遇到可以比附和取資歷史記載的大事件。歷史真正的普遍的意義仍然在於布羅代爾說的「國民意識」的建構。用一個比喻說罷，歷史彷彿給人們提供著關於「故鄉」的回憶，這種回憶不一定是對於村莊位置、房舍田地、鄉親父老、水井道路的具體再現，而是一種關於故鄉的溫馨感受，使人們一想起故鄉就覺得親切，使互不相識的人一提到共同的故鄉就有「同鄉」甚至「同根」的感覺，「君從故鄉來，應知故鄉事」，即使在很遠的地方，也始終存在著眷念，這就是歷史的價值。如果我們同意這就是歷史的意義，那麼，其次就是明確什麼是教科書要教的「知識」。我總覺得，這種關於「故鄉」的知識，並不是那裏的房舍位置，也不是那裏的道路如何，更不是那裏的人口田畝，因為這樣的知識在對所有地方的冷漠記載中都會有的，它並不是故鄉，故鄉要比它多出些什麼，也許是多出一些讓人留戀回憶的東西。所以，在歷史教學中，是否接受奴隸社會、封建社會、資本主義社會等等「性質」，是否認同生產力的改變影響生產關係、經濟決定社會根本的變化等等「原則」，難道就一定是學習歷史的目標？如果是這樣，歷史就會漸漸等同於政治常識或教條的教育。是否僅僅記住那些位置、數位、特徵，可以找到來去的道路，就可以把它當作「故鄉」，僅僅記住一些年代、人物、事實，可以應付考試，就可以算是瞭解「歷史」了呢？當然不是！然而，我們的很多教材和相應的考試正在把「歷史知識」朝這個方向推進。但是那些書本上可以按而復得的東西，並不需要學生死記硬背，因為歷史教育的目的並不在於把紙上的事件、人名、概念像索引一樣複製到人們的大腦中。何況，撰寫者更應當考慮和體會閱讀者的興趣和心情。通常閱讀者，尤其是初學者往往並不喜歡讀枯燥抽象的理論，而是願意讀有情節有人物的敘述。可是在很長時間裏，我們的編寫者常常居高臨下，想像自己站在真理和知識的制高點上，用教師爺的態度自說自話地編寫著教科書和入門書。我們的教科書和入門書用教條替代了歷史，書裏面所講的歷史彷彿不再是一個有人有事的時間過程，而是一個在某些懷有政治意圖的強迫性架構中被分解填充的東西，幾千年的故事被壓縮成乾巴巴的半打理論和一堆概念。其實，想一想就可以明白，當一個學生面對這樣的教材時，他並不能夠感覺到歷史的流動，卻只能被動地捧著一大堆被「社會性質」「生產關係」「經濟背景」等等分割切開出售的概念。儘管概念作為知識，比較容易背誦、復述和考試，但是真實的歷史就在僵硬的條塊中漸漸流失。

可是這兩本書卻不是這樣的。舉個例子，伊佩霞的《插圖本》中提到了唐代的國際交流，她用了「世界中心的生活」為題，但是並沒有一一條列中外交流的類別和事件，而是說到了長安的宏偉對各國的吸引力，說到使臣、商賈和香客從日本、高麗、吐蕃來，說到珠寶、樂器和織物對貴族的刺激，說到馬球隊、陪葬物和波斯風格的銀器，最後還說到「人們不再使用座墊，而是像外國人一樣坐在凳子和椅子上」（84頁）。比起通行教材的一些機械羅列式教師爺寫法，似乎更輕鬆一些。而張元和李孝悌的《歷史》在「文化交流下的唐代社會」中，則先從廣州、揚州和洛陽講起，「廣州城四周遍植荔枝、柑橘、香蕉等果樹，城內蓋滿了木板房屋，居民之中很多是當地的南蠻，也有不少來自各地的外國人……港口中泊了不少形狀各異的海船，其中最大的是來自錫蘭的獅子舶，獨桅三角帆船形體較小，都是波斯灣地區建造的」（上冊，116頁）。最後在講到洛陽的時候，還引了劉禹錫的詞「楊柳從風疑舉袂，蘭叢浥露似沾巾」，讓人讀來很容易想像當年的盛況。加上後面關於長安國際性都市的濃彩重墨的描述，如西市盛況、胡女當壚、時尚胡服、胡餅、葡萄酒、各國留學生的情況敘述等，那種開放社會的面貌已經相當清晰。而在講到清末民初中國的現代化追求時，《歷史》下冊更是用了《鐵路、鐵路、更多的鐵路》這樣一個標題，和安徽北部交通困難以至於人們抱怨的一個例子，表述著現代中國「硬體」的變化；用《西書翻譯與報刊》這樣一個主題和同文館、江南製造局、傳教士、嚴復、萬國公報、各種白話報等等內容，描述現代中國「軟體」的變化；再用《新式學校》這樣一個題目來敘述科舉廢除前後的知識階層變化；特別是它用我們的教科書很少提到的杭州惠興自殺以勸當局興學的例子和天津官立學堂招募學生的白話告示，給後面的五四運動、新文化和新思潮、白話和新文學作了相當清楚的鋪墊，使這一段歷史不再是若干枯燥術語和概念的前後銜接（99-120頁）。

二

這並不僅僅是一個想像、文筆和敘述方式的何題，而是一個是否尊重閱讀者的問題，同時也是歷史眼光的問題。我們有些教科書，為了解釋某種懷有政治意圖的觀念和證明某種支持意識形態的理論，總是挑選一些與解釋和證明相關的象徵性人物、事件和現象，在生硬而宏大的概念支持下，充當歷史凸顯的章節。可是，這些人物、事件和現象卻在歷史中也許並不真的那麼重要，也未必與真實歷史變遷有如此親切的關聯，更未必是形成現在社會生活內容的源頭，因此閱讀時很難引起人們的切身記憶和內在經驗。特別是由於長期被一種可以稱之為「社論體」語言所控制，當教科書和入門書的編寫者一想到自己要傳遞確鑿而權威的知識時，就不由自主地露出這種「社論體」語言習氣，彷彿用了這種語氣就居高臨下地把握了絕對真理，於是，這種寫法使得教科書和入門書總是官氣十足，一廂情願地自說自話，顯得相當乾癟和枯燥。

歷史並不能依靠死記硬背進入生活和心靈，充滿豐富情節的過去，也不能僅僅依賴教材中的概念和文字來描述。近代以來始終被批判的政治史或經濟史中心的寫法，在沒有合適的另類書寫形式時，仍然籠罩著我們的教材領域，使學生和讀者只好按照這種限定的思路去理解歷史。而上述兩種書的另一個長處，是在正文之外，往往提供進一步閱讀和思考的資料。像伊佩霞書的正文之外，有附說的部分，其中把不易書寫在正文中的各種知識、技術、生活、精神方面的東西一一寫在這些被出版者標誌為淺灰底色的部分，如古代的「房屋」建築材料和形制（53頁）、唐代的女性與「愛情故事」（82頁）、宋朝才成為中國人主食的「稻米」如何被種植（114-115頁）、古代中國想像中的「鬼和打鬼者」（131頁）、明朝以後的景德鎮瓷器的生產和銷售

（161頁）、古典小說《紅樓夢》的情況（172-173頁）、歷代的「罪與罰」中體現的法律制度和西方人的觀感（178頁），甚至有現代中國的農村集市及其社會意義（216頁）。這些內容擴充了歷史記述的空間，也增添了歷史閱讀的興趣。同樣，張元和李孝悌的《歷史》也有意地改變著傳統歷史教材的寫法，把城市史、民族史、文學史、宗教史的多項內容融貫到歷史中間，比過去教材更多地描述了城市的變遷，社會、鄉紳與民眾生活，邊地族群的文化風貌以及漢族中國與四裔、萬國的往來。

這是一個「可持續發展」，也就是提供更大思考空間的寫作形式。兩種書都注意到，如果一個學生需要更深入的歷史知識，那麼，教材在自己的敘述之外，還應當提供更多的線索。在這一點上，伊佩霞的書有一個《進一步閱讀書目》，這個書目開列了西方關於中國研究的相當好的文獻目錄，不僅有通史式的著作，如費正清、謝和耐、史景遷的書，而且有社會經濟史、制度史、家庭與宗族史、思想史、科學史、藝術與文學史，以及各種不同時代歷史的研究著作。這份書單其實已經把西方研究中國最好的一批書都囊括進來了，不僅對於普通愛好者，就是對於研究者也相當有用。但是作為教材，更好的是張元和李孝悌所編的《歷史》，它不僅在正文中間時時穿插一些引自原始文獻和研究論著的「資料」，這些文獻和論著使教材有深入的不同的層次，而且特別有用的是他們配合教材出版的《歷史教師手冊》，在這些可以給學生也可以給老師閱讀的《手冊》中，有著更豐富的資料供那些有興趣有能力的閱讀者深入探討。舉兩個例子，比如講北魏的「從平城到洛陽」一節，教材是千字左右，附錄有《魏書·崔浩傳》《北史·皇甫玉傳》《洛陽伽藍記》三則，白話語譯為二百餘字，而《手冊》則引了《資治通鑑》宋文帝元嘉六年一節、《魏書·盧玄傳》記載崔浩的一節、《魏書·官氏志》太和十九年（495）詔書一節、周一良《北朝民族問題與民族政策》一文的觀點，並提出若干重點思考的問題和需要討論的關節，還介紹了《洛陽伽藍記》的史料價值。而講晚清以來「西風東漸」的一節，教材不足千字，附錄資料也僅僅是張之洞《勸學篇》，但是《手冊》卻介紹了郭嵩燾、鄭觀應的生平，變法者對於西學的看法，傳統「教」的反抗，並引用了劉廣京《鄭觀應易言——光緒初年之變法思想》、小野川秀美《晚清政治思想研究》和汪榮祖《晚清變法思想論叢》，把更多的變法歷史和人物，如馮桂芬、王韜、嚴復、胡禮垣、馬建忠、張之洞都連帶地介紹出來，拓展了歷史知識面，也給願意進一步研究的閱讀者指出了途徑。

還值得一提的是，這兩部通俗歷史書都有大量的插圖。伊書本來就叫做 Illustrated History of China 即「插圖中國史」，而張、李二位的《歷史》也同樣有各種插圖，如下冊第四課《帝國的傾頹》中，就有《諸神圖》《西王母》《五口通商前的廣州港口》《馬嘎爾尼像》《林則徐》《吸食鴉片》《英國在印度的鴉片庫》《洪秀全像》《1864年繪清兵收復南京》《太平天國的結婚證書》《太平天國從金田到南京的路線圖》《淮北地形》《捻軍活動地圖》《大金榜》《清代育嬰堂圖》共15幅圖。在這裏，關於插圖的意義不必多說。用上面的意思再加申說的話，我以為插圖最大的價值並不在看圖識史，這樣的話，就把圖像資料的意義限制在解釋和說明文字上，等於只是文字歷史的延長。其實，如果加上適當的說明文字，圖像本身是可以向閱讀者提出更多的問題和更深的思路的。比如「明末清初的社會與文化」中的明代《演戲圖》（下冊，1頁），不僅「可以想見《牡丹亭》上演時的景況」，其實也可以看到明代士人生活情趣、可以瞭解戲曲演出時的配置、可以看到明代服飾的特色，也可以映證當時地方志和筆記記載中關於士人生活風氣的變化，而這正是明史中的一個關鍵。而耶穌會傳教士在1665年印行的地圖（下冊，11頁），不僅可以說明「此後一個世紀左右都沒有出現比這個更好的地圖」，不僅可以與中國繪製的地圖對比，看出西學進入中國引起的衝擊，而且可以從地圖的範圍看出當時西洋人關於中國空間的理解（因為只有東部中國）、可以從右下方兩個端坐的人物和兩個侍者看到明清易代時繪畫者的心情。當然，要使圖像資料在書中成為進一步深思的契機，那麼，插圖的說明性文字，實在需要更加細緻地給予關注，使插圖的文字不再僅僅是對圖像來源、名稱和內容的簡單說明。

三

歷史教科書也罷，歷史入門書也罷，在我們這裏，很多編者作者、很多這類的書，至今沒有走出兩個誤區。一是把「通俗」「易懂」當作可以偷工減料和降低標準，似乎拼拼抄抄就可以敷衍了事，於是教科書或入門書就成了「次一等」的寫作甚至是操作；二是把「教材」或「入門」看成是尋找最小公倍數，以為沒有尖銳的個性化的觀點就代表了一種公允的和普遍的可靠知識，就好像外交部新聞發言人似的照本宣科才可以用來表達權威的意見。因此，這使得我們很多教科書和入門書好像《水滸》上的那個焦挺「沒面目」，當然也就失去了讓人閱讀的興趣。

伊佩霞的《插圖本》之所以好讀的另一重要原因，恰恰是因為她很有自己的想法，這些想法無論對與不對，都可以刺激和啟發讀者和學生繼續想像和思考，而不像那些似乎提供了所有答案的教科書或入門書，用看似真理的結論堵死了所有可能的思索途徑，只要閱讀者按圖索驥。其中相當引人注目的有三點。第一，她的中國史是世界背景關照下的中國歷史，她時時會用世界背景來考慮對中國歷史的描述，並且用這種世界史的眼光，對中國固有的一些歷史觀念提出質疑。比如在關於早期文明形成的一節裏，伊佩霞向閱讀者提出，那個時代幾個文明一起出現，那麼中國是「自行完成這項飛躍的」，還是「近東的某些發展的觀念跨越了歐亞大草原刺激了中國」（21頁），她提醒人們要注意古代中國文明獨特性的同時，要注意各種文明之間相互聯結的關係。在東周哲學的一節裏，她又提出「古希臘，家被認為是私人領域，其作用同城邦的公共政治不能等量齊觀」，而古代中國的家則不同，並且這就對於中國幾乎所有的思想流派都產生了影響，看重「家」與「秩序」的意義（39頁）。而在關於秦漢帝國的一節中，她又指出漢朝精英和羅馬精英的差異與語言文字的關係，以及這種差異所導致的漢朝「共同文化」和「基本的中國觀念」的確立，以及羅馬「非羅馬觀念的延續」（59頁），這也許並不是最好的解釋，但卻是相當富於啟發性的解釋。第二，她比我們的歷史書更注意社會生活史。如90頁對於唐代邊緣地區「遠離中心的生活」的描述，就用了敦煌的資料，勾勒那個時代普通民眾和邊遠地區的生活面貌；112頁關於宋代經濟發展一方面加劇了中心和周邊地區的分化，一方面將邊遠地區緊緊地連接起來，因而形成「地方社會」的生活變化的論述；151頁繼續討論明代「地方社會」的段落，則相當精彩地指出了明代的鄉村與市場、宗族與鄉約、文化人和普通人、儒家思想與社會制度之間的關聯與變化。第三，她的中國史也相當凸顯了中國歷史的連續性，在整個的歷史敘述中，她顯然關注著當下中國的現實，並且相當注意挑選那些可以理解現代中國的「歷史」。

作為高中教科書的《歷史》比起《插圖本》來，似乎棱角少一些，論辯的色彩也淡一些，但是它也仍然頑強地顯示著編者的想法。比如下冊第一課講明末清初社會的「城市文化」、第四課《帝國的傾頹》中講太平天國和捻亂以後崛起的士紳社會、第十課中的《蛻變中的城市與民眾》講上海與北京，以及用「鴛鴦蝴蝶」做標題講大眾文化，可以看出它與近年來國際學術界關於中國社會與文化的研究思路轉變的密切關係。由於它相當敏銳地接受了學術界的消息，能夠以追蹤國際學術前沿的眼光和標準來編寫普及的歷史，其實與通常教材的起點和思路就已經很不一樣了。

最近再讀陳寅恪的一些材料，很有一些想法和感受。他在給學生講課時曾經提到，當時坊間的教科書以夏曾佑的《中學歷史教科書》為最好，為什麼？因為其他的教材以平庸當公允，把抄撮當著作，而它卻有自己的風格和想法，「作者以公羊今文家的眼光評論歷史，有獨特見解。其書出版已三十年，不必再加批評。其餘大學課本，也可參考……但不能作為依據，有些課本內容輾轉抄來，涉及的範圍也有限」。他舉了一個留美考試的中國通史試題，「問金與南宋的學術有無異同」，結果很多人目瞪口呆，全不知道，這就是那些被平庸的教科書束縛在通行的歷史敘述中，並不能真正把握歷史知識的緣故。最近，我讀夏曾佑的書，覺得除了他用公羊三世說（他把中國歷史分為上古、中古、近古三期，而三期中，上古又分傳疑、化成二期，中古則分極盛、中衰、復盛三期，近古則分退化、更化二期）以闡述歷史進化論之外，似乎還有重新檢討傳統歷史觀、凸顯「關乎外國者」的世界歷史視野和「關乎社會者」的綜合歷史意識。當然，還有從今日反觀過去，通過歷史的敘述重新尋找民族動員資源的意味，比如像中古史第一章一開頭關於中國文化命運和前途的議論，確實是在「發明今日社會之原」（第二篇凡例）。

不要以為四平八穩磨光了棱角的就是教科書，沒有個性化眼光的歷史敘述未必真的就包含了公正的知識，因為歷史「知識」並不是背誦的社會發展史教條和死記硬背的事件、年代和人名，它和必須經過反覆實驗確定、可以重複的自然科學知識不同。我總覺得，歷史知識的教學和傳授，其更恰當的途徑應當是通過寫作者或講授者的「敘述」，來「啟動」讀者或聽眾的記憶、體驗與經驗，調動心底的「儲備」，喚回心中的「記憶」重新建構並認同這一歷史和傳統的過程。如果歷史教學的意義真的如此，那麼，我們的教科書和入門書，該如何向人們敘述歷史呢？

【附記】

順便指出一點，伊佩霞的《劍橋插圖中國史》的中文譯本中，還有一些問題。比如，第一，185頁插圖的《點石齋畫報》右側，把畫中的「域異方殊，禮文迥判」標點成「域異方殊禮」。第二，多處未還原西方學者的漢文名或中國學者的中文名，如《致謝》中的巫鴻（誤為「吳虹」）、安樂哲（仍用譯音「羅傑・阿美斯」這種情況在《進一步閱讀書目》中尤其多，比如268頁的艾蘭（仍用譯音「薩拉・阿蘭」）、葛瑞漢（仍用譯音「格拉漢」），269頁的許理和（仍用譯音「埃里克・祖徹」）、陳觀勝（用其英文名音譯為「肯尼士・陳」）、謝和耐（仍用譯音「雅克・特耐特」），270頁的包弼德（仍用譯音「彼得・鮑」）、陶晉生（誤為「陶靜深」），271頁的孫康宜（誤作「孫康儀」），以及273頁的周明之、夏志清等等，此處不一一列舉。

【附錄2】
可以用參考資料代替教科書嗎

一

編纂一套哲學史或思想史的參考資料集，並不算什麼新的舉措，以前的學者，陸陸續續也編過不少種。在國內，像過去中華書局出版過《中國哲學史參考資料》若干冊，曾經是過去幾十年裏學習中國哲學史的重要參考書。在國外，很有名的，比如狄百瑞（W. de Bary）編《中國傳統研究資料集》（*Sources of Chinese Tradition*）和陳榮捷（Wingtsit Chan）編《中國哲學文獻選編》（*A Source Book in Chinese Philosophy*），前者與《印度傳統研究資料集》《日本傳統研究資料集》構成一個系列，1960年由哥倫比亞大學出版社出版，影響相當大，後者1963年由普林斯頓大學出版社出版，按照臺灣的黃俊傑教授的說法，它「一直是歐美各高等學府講授中國哲學或中國思想史等相關課程的必要教科書或參考書，其地位一直屹立不搖」，而近年更由一些臺灣學者聯手回譯成中文，1993年在臺灣巨流圖書公司出版兩大冊。

不過，儘管有這些書在前，我還是希望重新編一部《中國思想史參考資料集》為什麼？因為現在有了一些重新編撰的條件。首先，經過這些年的世事變更，中國的學術界不僅開始走出意識形態的局限，而且有了與哲學史區別的自覺，更有了來自本土的問題，思想史研究已經有了相當大的變化，漸漸形成了新的研究思路和敘述立場。其次，思想史有了豐富的新資料。除了眾所週知的考古新發現，像簡帛文獻等等，使得先秦兩漢思想史不得不重新考慮自己的範圍之外，由於思想史觀念的變化，也使一批過去很少被納入思想史視野的資料，特別是過去的邊緣資料，開始進入了思想史關注的視野。再次，思想史研究的背景範圍，也從過去的單一的漢族中國，放寬到全球。至少像明清以後，中國的思想與文化背景由「天下」變成了「萬國」，它的思想史，就已經不再是一個孤立的思想線索，於是它也有了很多諸如「交往」「影響」「衝擊——反應」「世界體系」「現代化」等等框架，這使得原來的資料不敷使用。

更主要的是，很久以來，我一直在想一個問題，就是「是否可以用參考資料集代替教科書」。思考這個問題的原因很簡單，作為一個教師，首先，我常常遇到的一個困惑就是，當我們大學裏面那些集歷史敘述和歷史解釋為一體的教科書，把所有的歷史事實和歷史解釋好像都已經完滿地總結和論斷了以後，那些教科書的讀者還需要，或者說還可以做什麼、想什麼？其次，經由那些教科書中權威解釋了的內容，如果它已經可以充當考試的標準答案，可以使閱讀者獲得需要的分數，那麼，除了一些自己對歷史有興趣的人以外，學生們還會去讀有關歷史的原始文獻嗎？這樣，歷史不就不是原來的歷史，而成了被咀嚼過的飯、被皴染過的布了嗎？再次，這些教科書是否會成為，或者已經成為歷史研究的範本或者模仿的文本，如果是，那麼接受了這些現成答案以後的歷史研究將如何進行？

因此，我總覺得，代替教科書，更多地閱讀和使用那種解釋成分較少、文獻資料較多的參考資料集，可能會在某種程度上修正過去依賴教科書的弊病，也可以使讀者少一點後設的結論，多一點自己的理解。這就是我提出編纂一套資料集的初衷。

二

但是，我得承認，編起來還是很不容易。並不是說，新的一定比舊的好，現在來編一套參考資料就一定比過去人編得好，其實，在還沒有開始編撰的時候，我就已經察覺到面臨的困難。

第一個困難是，思想史是一個學科邊界至今也還不很清楚的領域。雖然從十九世紀晚期開始，它作為一種歷史著述被歐美歷史學界普遍接受和使用，但是，儘管西方人對於如何是「觀念史」（History of Ideas）、如何是「思想史」（History of Thought 或 Intellectual History）、如何是「哲學史」（Philosophy History）有過種種討論，可它的領地邊界至今也沒有一個被共同認可的說法。而在中國現代學術史中，它也和哲學史很難分清，所謂社會思想、政治思想、哲學思想之類的詞語，常常在哲學史和思想史中混用。特別是近年來思想史與社會史、思想史與知識史的互相結合，一般知識、思想與信仰史被普遍重視，更使得這種原來期待的學科邊界被瓦解於無形。於是，這使得我們現在重新編纂一部《參考資料集》發生了很大的困難，如果我們不想漫無邊際地擴張思想史的領地，以至於思想史本身都被瓦解，我們應當如何小心翼翼地、有節制地選擇文獻資料？

第二個困難是，如何合理地確定文獻資料的章節安排，使它能夠擺脫過去思想史編寫的舊格局？在拙著《中國思想史·導言》中，我曾經說過，在以往的各種《思想史》中，習慣的編纂法是，按照時間的順序安排著思想家們的章節，大的思想家一章，小的思想家一節，不夠等級的可以幾個人合起來占上一節，再不夠格的也可以占上一段，而這些思想家的組合就是思想史，大多數《思想史》都是這麼寫的。但是，我總覺得，這種方式並不能體現歷史的連續性，也常常使思想史變成「學案」，而不是「歷史」。它忽略了那些作為「背景」的合唱聲音，更容易忽略在社會生活中真正影響人們的一般知識、思想與信仰。那麼，我們如何在有限的篇幅中，通過文獻選編盡可能地呈現更廣泛的思想世界？

第三個困難是，過去各種哲學史或思想史的參考資料選編，其實，背後都有一個相當完整和固定的理論和歷史，他們是按照一種既定方針和思路，在有目的地選擇文獻資料。但是，這樣的參考資料實際上是對某個《思想史》進行解說或提供證據，因此，讀參考資料集的時候，其實就是在讀擴大了的某個思想史著作的論據，那個思想史著作始終明裏暗裏在約束著閱讀者對思想史的理解。我不否認每個參考資料都有自己的歷史理解在支持它的選擇思路，但是我們能不能使參考資料變得更開放一些？套一句熟語，就是使參考資料集的閱讀者在這些資料的閱讀中能夠「可持續發展」，他們能否從這裏面進一步發展出自己對思想史的看法？過去我們的教育常常是「教」居高臨下，用考試、答案和分數制約思想，儘管常常說「教學相長」，卻總是忽略了「學」如何對歷史進行理解，那麼，我們能否採取某些形式，使閱讀者自己從中得到理解的自由空間？

三

我設想的參考資料集，本來應該包括三種，一是《中國思想史參考資料集》，主要是按照時間與專題的順序收錄參考文獻與論著。二是《海外中國思想史研究資料集》。我希望以原文收錄，因為這既可以讓學生領略國外的思路和方法，又可以閱讀外文的專門著作。三是《中國思想史參考圖集》。這是我一直在琢磨的一種形式。我總覺得，思想並不止在文字表述中，也在圖像之中，因此可以收集一些有意味的圖片作為思想史資料。

但是，現在呈現在各位面前的只是第一種。關於這一種《參考資料集》，我理想中的結構應當是這樣的，首先，由簡明的「編者按語」或者「引言」開頭，對每一節的內容提綱挈領進行說明。然後，有若干「關鍵文獻」。因為這些文獻可能是瞭解這一部分思想史的關鍵，因此需要加上較詳細的注釋，以幫助理解。而注釋又最好能夠進一步提供深入探討的線索，所以在可能的情況下多引用資料。再後面，是為了進一步擴大閱讀面而安排的「參考文獻」。我希望這些文獻能夠超過過去教科書的範圍和數量，使讀者能夠自己在原始文獻中理解，並想像那個時代的思想與文化狀況。最後，是經過選擇的「參考論著」。當時我建議應當廣泛搜羅中外文的論著，彷彿提供一個挑選過的論著索引，為願意更深入研究的讀者提供信息的空間。這裏所有的意思，就是三點：一是少一些固定的敘述和結論，免得它成了限制思想史空間的緊箍咒；二是多提供一些文獻，讓讀者接觸一些應當自己讀的資料，免得在第二手的敘述中接受現成的答案；三是儘量提供一些論著，讓讀者知道還有更多的深入的探討，不要以為這點兒教材就已經窮盡了思想史。

但是，儘管編撰一套《中國思想史參考資料集》的設想和計劃，在我心裏已經反覆考慮過好多遍了，儘管我可以不自量力地獨自寫了一部《中國思想史》，但是編撰一套《中國思想史參考資料集》，我卻覺得必須要邀請同事來一起合作。而合作，就不能完全依照我個人的想法，如今的集體項目，常常要將就、要妥協，總是取最小公倍數或最大公約數，因此呈現在讀者面前的這一套參考資料集，仍然是半新半舊，半是理想，半是現實的一個雜拌兒。

【附錄3】

文學史：作為思想史，還是作為思想史的背景

——讀包弼德《斯文：唐宋思想的轉型》

關於宋代思想史的研究，一直是以「道學」（或者稱「理學」「新儒學」）的歷史與思想為敘述中心的。但是，僅僅圍繞著「道學」展開思想史的論述，卻使得思想史顯得相對單薄，畢竟宋代思想世界並不僅僅是一個「道學」可以說清道盡的。如果依照史華茲（Benjamin Schwartz）的說法，「思想史的中心課題就是人類對於他們本身所處的『環境』（situation）的『有意識反應』（conscious responses）」[1]，那麼，思想史需要兼顧「歷史環境」與「思想反應」兩方面的內容。因此，即使是以道學為中心，也需要對背後的社會、政治與文化，比如思想取向與政治局勢的微妙關係、宗族重建中各類精英的權力整合、士大夫的整體取向與生活態度，以及國家權力、地方利益和民眾需求之間的互動等等，進行更加細緻的研究。在這一以「道學」為中心的宋代思想史研究方面，中國學者最近不僅有了新的思考，也已經有了相當多的新資源。我所謂的「新資源」，指的是域外論著的翻譯和介紹，包括這裏無暇討論的葛瑞漢（A. C. Graham）《中國的兩位哲學家：二程兄弟的新儒學》、田浩（Hoyt C. Tillman）《功利主義儒

1 史華茲：《關於中國思想史的若干初步考察》，《中國思想與制度論集》，3頁，臺北，聯經出版事業公司，1977。

家——陳亮對朱熹的挑戰》、劉子健《中國轉向內在：兩宋之際的文化內向》等等[2]。也包括下面將要討論的包弼德的大著——《斯文》。

一

包弼德的著作《斯文：唐宋思想的轉型》（*This Culture of Ours: Intellectual Transitionsin T'ang and Sung China, Stanford University Press*）討論的是唐宋之間中國思想與文化傳統所出現的最重要的轉型，即「唐宋思想生活中，價值觀基礎的轉變」（第一章《導論》，3頁）。他看到的歷史或者思想史是，從唐到宋，「斯文」（在這本書裏，這個詞是指代「Our Culture」，即中國文化）的內容有了相當深刻的轉變。究竟中國文化發生了什麼轉變呢？他說，雖然這種文化都是來源於上古三代，經由孔子保存的儒家典籍而傳續——這使得中國傳統得以不斷裂而保持延續——但是，唐宋之間有一個相當深刻的轉折，在唐代以及唐代以前，這種「斯文」的基礎是「天」與「上古」（或「天」與「人」），宇宙或天，那種自然秩序，一直是「道德生活的終極依據」，並且和想像中的上古理想社會秩序形成和諧，規定著現實社會的秩序（第一章《導論》，2頁），但是，由於唐朝八世紀以後的帝國分裂和藩鎮叛亂（當然還應當包括其他方面的原因），使面前的一切成了「不確定的世界，其中規範性的典範至多不過是臨時的，聖人的意圖也成了需要闡釋的東西」，所以，士人深切感到需要挽救「斯文」，因此，才開始產生了後來的道學，即狹義的「新儒學」（Neo-confucianism）。他說，「思想生活被一種創造性的張力所包

2 葛瑞漢：《中國的兩位哲學家：二年呈幾弟的新儒學》，鄭州，大象出版社，2000；田浩：《功利主義儒家——陳亮對朱熹的挑戰》，南京，江蘇人民蟲版社，J997

圍，一方面要維持形式文化的延續性（formal cultural continuity），保持過去的『文』，另一方面要尋找那些曾經支配了聖人的觀念，發現古人的『道』」。根據包弼德的分析，從唐到宋，首先，是意義和價值的宇宙依據發生了變化，從「天」到「理」；其次，是意義和價值的歷史基礎也發生了變化，從「上古」作為證明，到「心靈」或「觀念」作為依據[3]。因此，當一部分士人越來越傾向於追尋終極的「理」和內在的「心」的時候，其結果也像劉子健說的，文化轉向了「內在」[4]。因為在政治層面真正起作用的、外在的現實主義策略和制度，逐漸在意識或觀念中被認為是次要的價值，被置於次要的位置。

這種轉變中的文化，究竟是誰的文化呢？正如本書的書名寫的，「這個我們的文化」只是「屬於中國社會一個為數不多的精英群體」，就是所謂的「士」。因此，包弼德指出，作為思想文化變化的社會背景，需要考察「士」的變化。本書的《導言》通過對《顏氏家訓》和《袁氏世範》的比較，指出從唐到宋，士的身份和角色發生的變化。在第二章《士的轉型》中更細緻地討論了這一過程，他提出了一連串的問題：「為什麼作為世家大族（aristocratic great clans）的士，在隋唐以前的那些王朝衰落之後能維持下來，卻不能度過唐朝？為什麼士在北宋早期，作為有學養的文官官僚這樣的國家精英再度出現？為什麼在有宋一代，士變成作為地方精英的文人（local elites of literati）？」（35頁）他認為，變化的軌跡是從唐代的以門閥（aristocrat）為中心

3　在後來所寫的另一篇論文中，他有更加簡明扼要的說明，他指出唐宋思想和文化轉型有三個顯著的特徵，「首先，從唐代基於歷史的文化觀轉向宋代基於心念的文化觀。第二，從相信皇帝和朝廷應該對社會和文化擁有最終的權威，轉向相信個人一定要學會做主……第三，在文學和哲學中，人們越來越有興趣去理解萬事萬物是如何成為一個彼此協調和統一的體制的一部分」。見包弼德著：《唐宋轉型的反思：以思想的變化為主》，《中國學術》，第三輯，78頁，北京，商務印書館，2000。

4　劉子健：《中國轉向內在：兩宋之際的文化內向》，118-119頁。

的世家大族，到北宋的以學者——官員（scholar official）為代表的文官家族，再到南宋的文人為中心的地方精英（4頁、37頁）。這種變化不僅僅是從（依據）「出身」到（依靠）「政事」到（象徵）「文化」的轉換，其實以我對包弼德書的理解，這也意味著獲得身份的途徑和身份所象徵的價值的轉換，並且表示了「士」（文化）與「權力」（政治）之間的越來越分離的狀況，這為後來的「道統」與「政統」的分合設下了伏筆。

關於具體的論證這裏不再敘述，讀者可以參看第二章。不過，順便請大家注意第52頁的一段分析，這裏包含了關於門閥的世家之士何以在唐代開始瓦解的一種解釋。這一解釋表面上看來，與自從內藤湖南、宮崎市定以來關於唐宋社會轉型中的上層士人身份變化的傳統說法，以及那波利貞《唐代社會文化史研究》的說法很接近，但實際上有相當微妙的差異。包弼德指出，由於門閥之士，在古代中國代表了文化上的優越和知識上的領先，他們常常「聲稱是由於成就而不是通過『他們出身的榮耀』而成為精英」的，但是這樣一來，就有了一個內在的矛盾，即「因為自己文化上的成就，他們希望被看作最好的家族，但是通過把身份的特權建立在文化之上，他們又為別人宣稱自己同樣優秀網開一面」（52頁）。換句話說，這些本來是由於「出身」而獲得社會地位的士大夫，由于堅持自己的文化同樣優秀，於是在解釋這種特權的時候，不知不覺地把獲得社會地位的重心，從「出身的等級」移到了「文化的等級」上。因此，一些出身並不是世家大族的人如果可以獲得文化上的認可，就常常可以超越出身而獲得社會地位。由於唐代社會提供的寬鬆空間和多元途徑，包括後來地方藩鎮延攬人才，使得很多優秀的士人可以衝擊門閥並使其越來越淡化，即唐代「將焦點從保存傳統轉向了獲得傳統，以便那些沒有門第的人開始認為他們能夠享有士的傳統」（53頁）[5]。我想，這一解釋為知識分子身份轉移，提供了一個不同於外在的社會背景分析（包括經濟制度、科舉考試、戰爭衝擊）的內在分析框架，也可以說就是所謂的「內在理路」。當然，過去的一些歷史分析，比如那波利貞關於「知識」學習的實用、「禮儀」下移的狀況、「身份」混淆的歷史的分析，仍然可以納入這一框架中使用[6]。

二

之所以討論「士」的轉型，和包弼德試圖改變唐宋思想史寫法的意，圖有關。包氏在《導言》中說到，他「拒絕將所有的士歸為儒生，以及將所有的士學歸為儒學」（19頁）。這意味著他試圖改變從朱熹《伊洛淵源錄》到黃宗羲、全祖望《宋元學案》以來，陸續建構起來的宋代思想的歷史，並且試圖擴大宋代思想世界的參與者的範圍。因為在他看來，這種文化轉型並不僅僅是儒學內部的更新，而參與這種轉型的，也並不僅僅是後來被稱為「道學家」的人。所以他告誡讀者「不要以一種相信道學必然出現的方式進入這個更大的思想環境」，他指出，這種來自朱熹到黃宗羲的後設逆溯的方式，甚至已經進入了「當代學術」，導致了把唐宋文化轉型看成是「道學」一系的

5 包弼德在《唐宋轉型的反思》中的說法更加明確一些，他說明，過去關於唐宋轉型的解釋之一是，「唐代結束了世襲門閥對政府的支配，宋代開始了一個現代的時代，它以平民的興起為標誌」。但走，包弼德認為，這裏應當有新的解釋，比如在社會史方面，並不是平民的興起，而是「士」即地方精英的壯大和延續。不過，應當說明的是，儘管包氏認為他的詮釋與內藤湖南、宮崎市定等等舊詮釋不同，但我以為作為社會背景，在解釋思想史或文化史方面的根本改變並不大。

6 〔日〕那波利貞：《社會支の方面よりする二三の考察》，載其《唐代社會文化史研究》，第一編《唐の開元末、天寶初期の交が時世の一變轉期たるの考證》，58頁、88-89頁、196頁，東京，創文社，1977。

興盛史（31頁）。同時，他也相當不滿意哲學史的敘述，「對於許多人來講，按照那些為道學運動提供了哲學基礎的思想家的思想來治宋代的思想文化是足夠的」，但是，他覺得這種敘述方法是由於新儒學的重要性而「後設」的，它「掩蓋了歷史變化，削弱了解釋的必要」（30頁）。換句話說，不僅僅是因為哲學史的敘述受到了理學歷史敘述的影響，而且因為他覺得哲學史的敘述本身就很狹窄。他承認，他改變寫法是有意的，因為「哲學史並不總是代表思想文化的歷史，或者能充分地描述和解釋我們藉以建立共同價值觀（shared values）的那些方式」（7頁）。

我想這是相當敏銳的。最近我看到余英時先生的新著《朱熹的歷史世界》也是持有這樣的見解，我本人也相當贊同這一說法，儘管包弼德的這種嘗試是否有效尚待檢驗。有趣的是，他摒棄了哲學史的線索，卻選用文學史的線索來重新描述這一重要的思想文化史。他自己承認他是「將文學作為核心的討論角度，許多主要的思想家，首先被當作文學家來對待」（6頁）。在另一篇相關的文章中，他也這樣自我總結說，他的《斯文》一書有兩點意見或者特點：「第一，我們應當將唐宋士人的思想變遷瞭解成是從文學轉變到道學，而不是從佛學轉變到儒學；第二，道學在士人中得到的勝利和宋代全國性精英的社會轉型有關。」[7]這當然有一定的道理。確實，道學或者新儒學並非所有的「士」的取向，那些在後來的哲學史上影響相當大的哲學思索和道德理想，在當時未必就是所有「士」的興趣和追求，相反，「文學」倒可以比較廣泛地把「士」的精神活動都包含進來。於是，像韓愈、歐陽修、蘇軾的論述，就恰如其分地進入了主流的視野，而哲學或思想取向不同的一些學者，才可以被敘述在一個潮流中間。特別

7 包弼德：《美國宋代研究的近況》，《新史學》，1995年六卷三期。

是，古代中國的「文」與「道」確實有一體兩面的關係，正如包氏引用的那樣，孔門四科，有「德行」「言語」「政事」和「文學」（16頁），其實都是古代中國士人的角色和事業，所以，很難區分文學與哲學活動之間的界限。特別是古代的思想不僅是通過文學語言被表達的，而且也是通過文學語言的精緻和典雅成為模仿對象的，所以包氏可以說「文學作為思想」。像文學上的復古情緒，本身就表明人們對古代的追憶和對當代的批評，而唐代的「古文」概念本身，就「指在道德上更優秀的治學」（25頁）。在唐宋時代，文學努力和政治努力如此緊密地契合在一起研究，對它的研究，本身對於中國研究中的現代學科體制和習慣就是一個挑戰。

三

不過，如果繼續追問，這部書裏也有一些值得注意和質疑的問題。第一，以文學史的線索來替代哲學史的線索，是否就能夠闡明思想轉型時代的社會背景和知識背景？我們注意到，包弼德的相當多的線索和資料，似乎圍繞著或依據著過去文學批評史或文學思想史理路而來，已經有人指出，這一思路在郭紹虞的《中國文學批評史》中已經「一一拈出」[8]。然而，也正如包氏引用的那樣，孔門四科既然有「德行」「言語」「政事」和「文學」，那麼「士」，尤其是宋代士大夫的角色和身份，一直就不僅僅局限在「文」或「道」上。那些從事政治、教育甚至其他行業的「士」，包括「儒醫」「鄉紳」「塾師」和「文吏」，就像包弼德引用過的《袁氏世範》中所說的那樣，作為地

8 葉毅均：《從思想史到文化史的嘗試——包弼德〈斯文〉一書及相關討論述評》，《新史學》，2003年十四卷二期。

方精英的士人的身份已經更加多樣化了，可以成為儒學教授、進士，也更可能成為代箋筒、習點讀、童蒙師、醫卜星相、農圃商賈。那麼，「士學」如果像包弼德說的不是「儒學」，他們並不一定從事「文」的寫作或「道」的闡發，那麼，他們也不一定能夠成為「文學家」，而不被通行的文學史或文學批評史看成是「文學家」的他們，是否也參與了這次文化轉型？如果他們也參與了「This Culture of Ours」的變化過程，那麼，唐宋轉型僅僅是一個「文學」，而且是一個精英的「文學」可以說明的過程嗎？特別是，這些被文學批評史或文學思想史選擇出來的學者，往往是現代的文學史意義上的「文學家」，可是，現代的文學史依據的通常是來自現代的「文學」（Literature）概念，它比孔門四科的「文學」概念要狹窄得多，那麼，這些文學史上以文辭表達情感即文學性表達見長的作者，是否可能與思想史上以思想性表達的作者完全重疊，並充分表現那一個時代的思想和文化變遷呢？

我曾經對哲學史代替思想史的方法很懷疑，因為古中國可以稱得上「哲學家」的人和可以稱得上「哲學」的著作，數量實在不很多，而這並不很多的作家和作品，怎麼能夠呈現思想世界的複雜狀態？同樣，我也要質疑的是，文學史的線索作為主線，與哲學史的線索作為主線有什麼區別，它又怎麼能夠說明在社會全部領域中的士的意義和思想文化變遷？儘管韓愈、歐陽修、蘇軾這些文學著稱的人物被很恰當地納入了思想變遷的歷程，但是，像邵雍以及《皇極經世》那種意味深長的著作，像那些並不以文學著稱的「士」，比如官員、鄉紳、商人等等，是否會被這樣的「思想史」遺忘呢？比如沒有多少一流文學家的五代十國時期，似乎就不在這部思想史的視野中，可是五代十國由於國家、民族、個人和地域等等方面的深刻危機和巨大變亂，作為歷史記憶，它對於宋代思想，卻是相當有意味的啟示和鋪墊。

第二，我們知道，社會文化的變遷，並不等於思想史上「觀念」的變遷。我們當然不能過分苛求思想史家做過多的事情，但是現在需要指出的是，觀念提出者可能超越時代，天才的想法往往通過文字表現，特別有賴於敏感的文學家的先知先覺。但是，整體社會的轉型，常常需要觀念的世俗化和制度化才能實現。因此，如何說明這些觀念的落實、普及、推廣，也成了思想史的責任，尤其是當思想史家試圖說明「This Culture of Ours」真的從觀念世界中的「思想」成為了社會生活中的「文化」的時候。因為，如果思想史不再是只管捕捉天才的火花而是描述思想的歷史，就應當注意思想在一般社會生活中的實現。正如包氏自己說的，「通過闡明思想以及思想所賴以發生的歷史世界，來澄清思想價值觀的轉變與實踐轉變之間的聯繫」（81頁），在這段話裏有兩方面的內容，一是作為思想史背景的「歷史世界」，一是思想與實踐之間的「聯繫」，而前者涉及第一點說的整個社會階層轉向和生活變遷，而後者就是要說明那些高明的思想是如何通過世俗化和制度化的途徑，進入生活世界的實踐的。因此，即使在士大夫這個層面，我們可能還要討論一些更複雜的問題。比如，首先，唐代的國家控制與宋代（特別是南宋）的國家控制有何區別，「士人」與「皇權」之間的關係是怎樣的，為什麼有時候「得君行道」會接近「（皇帝）與士大夫共治天下」的境界，有時候又由於「道學空談無益」而使皇帝與理想型士大夫逐漸疏遠？當士大夫只好用「道理最大」來對抗皇權的時候，這一現象導致了「士」對國家政治什麼樣的取向？其次，「士」作為中央官員和地方官員的時候，與「皇權」和「民眾」兩者之間的關係有什麼不同？他們在作為學者的時候與作為官員的時候，對於民眾道德和地方風俗的處理取向有什麼不同？來自各個不同的經濟和風俗地區的士大夫，他們關於文化和思想的態度和觀念有什麼不同？這種複雜的角色和多樣的態度，究竟會如何影響宋代以及宋代以後社會秩序和整體文明的建設？再次，經由北宋到南宋，有一個宗族重建的過程，如果說這個時候，「士」的身份與過去有了不同，成為包弼德所說的「地方精英」，那麼，需要問的是，他們如何參與了「地方」的和「實際」的社會文化與思想的活動，並推動了整個社會的轉型？這裏就要討論他們如何參與地方學校的教育，如何開展地方精英之間的討論，如何參與合法宗教活動和地方神祠的祭祀，如何協調家族與國家、家族與地方、家族與家族之間關係等等。作者在英文書名中用了「我們的這個文化」（This Culture of Ours）一詞，在本書中比較多地討論的卻是文本中的「思想」，但是，「我們的這個文化」在宋代的整體轉型，恐怕並不是精英和文學的「思想」可以涵蓋和說明的。

第三，由於這種「文學」和「精英」的研究思路，引出了下面的一個傾向，很多被「文學史」看來是「邊緣」的或者是「無關」的思想現象，就不大容易被當作思想史的「背景」而考慮進到思想史複雜的歷史中去，一些與文學或文學家無關的資料與文獻，也不能進入思想史視野，畢竟文學史不是思想史。在影響宋代文化史與思想史的因素中，佛教、道教以及寺觀在都市與鄉村之間的意義、政治上的現實考慮和戰爭中的心理危機、士大夫在野與在朝的不同心情等等，其實都有莫大的干係。舉兩個例子來說。比如，過去把宋代理學的產生直接算在佛教刺激的賬上似乎並不妥當，不過，不去討論佛教的刺激，對於宋代思想世界的理解，卻是極大的缺陷。因為只有把佛教作為文明的挑戰，放入思想史中，才會很清楚地看到佛教激起的新問題是，從未有過的他一文明，對此一文明的重新界定的重要性被凸顯了，即什麼是漢文明，漢文明何以優於他一文明？這是關於宋代理學的一個大背景[9]。又比如，同樣需要考慮的是，唐五代以來的民族與國家狀況，也是思想史的重要背景。唐五代以來的民族與國家的淆亂，激起了關於「中國」的思考；唐五代以來倫理和道德的觀念混亂，激起了關於「文明」的焦慮；國家控制的各個區域之間的風俗差異，使得建立一個具有統一文明的共同體，「一道德同風俗」成了非常現實的問題。這些都是唐宋之間思想史與文化史轉型的重要背景。特別是，北宋時期的遼、夏和南宋時期的金，又迫使當時思想世界具有一種區分「他」與「我」的緊迫感，只有在這樣的背景下，討論諸如宋人為何重新解釋文明觀念與整理道德秩序，為何賦予政治、道德、倫理以超越現實政治和權力的「天理」依據，為何有正統論的興起，為何宋代特別嚴厲禁止淫祠淫祀、清理邪教，為何從宋代起會對印刷品出口進行嚴格管理、對小報之類傳播實施嚴格禁止，似乎才可以得到比較近乎情理的解釋。這也是關於宋代理學的另一個大背景[10]。

但是，正是由於這些背景沒有進入包氏對於唐宋歷史觀察的「焦距」，於是在歷史描述中被當作「邊緣」的問題而忽略或淡化。這導致很多「邊緣」的資料就不會進入研究視野，例如敦煌保存的北宋前期的資料、野史筆記的資料、民俗的資料等等。儘管包弼德在他的著作中已經預先作了申明，但是，沒有能夠在這樣一部傑出的大著作中，看到「唐宋思想的轉型」的全面而豐富的圖景，這是使我們相當惋惜和遺憾的[11]。

---

9 這一點，田浩與艾爾曼（Benjamin A. Elman）的書評都已經說到，此處不再重複。田浩的評論見Journal of Sung-Yuan Studies, 24；艾爾曼的評論見Harvard Journal of Asiatic Studies, 55, 2。

10 參看葛兆光：《理學誕生前夜的中國》，《中國史研究》，2001年第1期。

11 最近，余英時在其新著《朱條的歷史世界——宋代士大夫的政治文化》中討論到這種研究的方法，在其上篇《緒說》的最後一節，他說到，「以往關於宋代理學的性質有兩個流傳最廣的論點，第一，在『道統大敘事』中，論者假定理學家的主要旨趣在『上接孔、孟不傳之學』。在這一預設之下，論者往往持孔孟的『本義』來斷定理學各派之間的分歧。第二，現代哲學史家則假定理學家所討論的相當於西方形而上學或宇宙論的問題。根據這個預設，哲學史家運用種種西方哲學的系統，來闡釋理學的不同流派。這兩種研究方式各有所見，但卻具有一個共同之點，即將理學從宋代的歷史脈絡中抽離了出來」。我大體同意這一批評，同時我也覺得，以文學史的線索來寫思想史固然也是一種思路，但同樣可能出現把思想史從「宋代的歷史脈絡中抽離出來」的問題。因此需要追問的是，文學史，究竟是作為思想史，還是作為思想史的背景？

中華文化思想叢書 A0100042

古代中國的歷史、思想與宗教　下冊

作　　者　葛兆光
責任編輯　楊家瑜

發 行 人　林慶彰
總 經 理　梁錦興
總 編 輯　張晏瑞
編 輯 所　萬卷樓圖書股份有限公司
臺北市羅斯福路二段 41 號 6 樓之 3
電話 (02)23216565
傳真 (02)23218698

出　　版　昌明文化有限公司
桃園市龜山區中原街 32 號
電話 (02)23216565
發　　行　萬卷樓圖書股份有限公司
臺北市羅斯福路二段 41 號 6 樓之 3
電話 (02)23216565
傳真 (02)23218698
電郵 SERVICE@WANJUAN.COM.TW

ISBN 978-986-496-088-0
2020 年 11 月初版三刷
2019 年 1 月初版二刷
2018 年 1 月初版
定價：新臺幣 220 元

如何購買本書：
1. 劃撥購書，請透過以下郵政劃撥帳號：
帳號：15624015
戶名：萬卷樓圖書股份有限公司
2. 轉帳購書，請透過以下帳戶
合作金庫銀行 古亭分行
戶名：萬卷樓圖書股份有限公司
帳號：0877717092596
3. 網路購書，請透過萬卷樓網站
網址 WWW.WANJUAN.COM.TW
大量購書，請直接聯繫我們，將有專人為您服務。客服：(02)23216565 分機 610

國家圖書館出版品預行編目資料

古代中國的歷史、思想與宗教 / 葛兆光著. -- 初版. -- 桃園市 : 昌明文化出版 ; 臺北市 : 萬卷樓發行, 2018.01
冊 ; 公分
ISBN 978-986-496-088-0(下冊 : 平裝)
1.史學史 2.哲學史 3.佛教史 4.中國
601.92　　107001048